KunstKochBuch

AQUARELLE VON WILLY REICHERT

KunstKochBuch

Die Lieblingsrezepte der Deutschen Meisterköche

Mittelbayerische Druck- und Verlags-Gesellschaft
Galerie Norbert Blaeser

Die Deutsche Bibliothek – CIP-Einheitsaufnahme

*KunstKochBuch : die Lieblingsrezepte der deutschen Meisterköche /
Galerie Norbert Blaeser. Mit Aquarellen von Willy Reichert. -
Regensburg : Mittelbayerische Dr.- und Verl.-Ges., 1997
 ISBN 3-931904-15-6*

*KunstKochBuch
Die Lieblingsrezepte der deutschen Meisterköche
Mit Aquarellen von Willy Reichert
Herausgegeben von der Galerie Blaeser Düsseldorf/Regensburg
Redaktion und Rezeptauswahl: Konrad M. Färber
© Mittelbayerische Druck- und Verlags-Gesellschaft mbH Regensburg 1997
Gestaltung: Bauer Direktmarketing, Regensburg
Herstellung: International Publishing, München*

ISBN 3-931904-15-6

Von der Physiologie des Geschmacks

Die Gastronomie ist der Leitfaden unseres ganzen Lebens. Sie beschäftigt sich mit allen Gesellschaftsschichten, und wenn sie einerseits die Festmahle der Könige bestimmt, so berechnet sie andererseits auch, wie viele Minuten ein frisches Ei kochen muss, damit es am besten schmeckt.

Die Tafelfreuden gelten für alle Lebensalter, alle Stände, alle Länder und alle Tage. Sie lassen sich mit allen anderen Freuden verbinden und bleiben als letzte übrig, um uns über den Verlust der anderen hinwegzutrösten.

Die Entdeckung eines neuen Gerichts trägt mehr zum Glück der Menschheit bei, als die eines neuen Gestirns.

Zu behaupten, man dürfe nicht mit den Weinen wechseln, ist eine Ketzerei. Die Zunge wird abgestumpft, und nach dem dritten Glas ruft selbst der beste Wein keine besondere Empfindung mehr hervor.

Der Schöpfer, der den Menschen zwingt, Nahrung aufzunehmen, um zu leben, fordert ihn durch den Appetit dazu auf und belohnt ihn durch den Genuss.

Koch kann man werden, aber zum Bratenkünstler wird man geboren.

Gasterea ist die zehnte Muse, sie ist die Herrin der Gastronomie und der Geschmacksfreuden.

Sie hätte ein Anrecht auf die Weltherrschaft, denn die Welt ist nichts ohne Leben, und alles, was lebt, nährt sich.

Anthelme Brillat-Savarin (1755-1826)

**Bayerische Bauernente mit Blaukraut
und Brezenknödel** 8
    Alfons Schuhbeck
    Kurhausstüberl, Am See 1, 83329 Waging am See

**Ragout vom Hummer in Curry
in geschmorten Gurken** 10
    Peter Nöthel, Restaurant Hummerstübchen
    Hotel Fischerhaus, Bonifatiusstraße 35, 40547 Düsseldorf

**Gespickte Lammkeule mit Kräutern
und grünen Bohnen** 12
    Josef Ramsl, Historisches Restaurant Herrenhaus,
    Herrengasse 17, 83512 Wasserburg am Inn

Entenbrust mit Weintrauben und Ingwer 14
    Herbert Langendorf
    Die Ente vom Lebel, Kaiser-Friedrich-Platz 3-4,
    65183 Wiesbaden

Gröstl vom Donauhecht 16
    Josef Achatz, Landgasthof Buchner,
    Freymannstr. 15, 94559 Welchenberg

**Spanferkelbrust mit Steinpilzfüllung
und Zwiebelsauce** 18
    Rüdiger Forst, Historisches Eck,
    Watmarkt 6, 93047 Regensburg

**Paillard von der Lachsforelle mit weißen Spargel-
spitzen und Sauce Hollandaise** 20
    Friedbert Lang, Restaurant Hoyerberg-Schlössle,
    Hoyerbergstraße 64, 88131 Lindau/Bodensee

**Williamsbirne in Aceto Balsamico
mit Rosmarineis und Vanillepolenta** 22
    Stefan Marquard, Restaurant 3 Stuben,
    Kirchstraße 7, 88709 Meersburg

Brust von der Bresse-Poularde mit Aromaten 24
    Harald Wohlfahrt, Schwarzwaldstube im Hotel Tonbach,
    72270 Baiersbronn-Tonbach

Schwarzer Risotto mit Drachenkopffilet 26
    Heinz Beck, Ristorante La Pergola,
    Via Cadlolo, 101 (Monte Mario), 00136 Rom

Die Rezepte – die Meis

SOFERN NICHT ANDERS ANGEGEBEN,

Rehrückenfilet mit Äpfeln und Hagebuttensauce 28
    Ulrich Schilling, Restaurant Waldhorn,
    Schönbuchstraße 49, 72074 Tübingen

Rinderfilet in Rotwein 30
    Heinz Winkler, Residenz Heinz Winkler,
    Kirchplatz 1, 83229 Aschau

**Gespickter Lachs mit grünem Spargel
an weißer Tomatensauce und Dillkartoffel** 32
    Marko Meingassner, Restaurant Le Chateau,
    Schloßstraße 13/15, 92521 Schwarzenfeld

**Frischlingscarré mit Walnußkruste,
Fingernudeln und Selleriepurée** 34
    Herbert Schmalhofer, Restaurant Bischofshof,
    Krauterermarkt 3, 93047 Regensburg

Spargelnudeln in Malteser Sauce mit Garnelen 36
    Stephan Brandl, Restaurant Grauer Hase,
    Untere Vorstadt 12, 94469 Deggendorf

**Variation von Lammrücken
auf brasierten Artischocken** 38
    Claus-Peter Lumpp, Restaurant Barreiss,
    Hotel Barreiss im Schwarzwald,
    72261 Baiersbonn-Mitteltal

Steinpilz-Lasagne mit Parmesan 40
    Romeo Hofer, Restaurant St. Magnus, Alpenhotel Krone,
    Tiroler Str. 29, 87459 Pfronten

**Haferflockensoufflé mit Bananen
und Aprikosenkompott** 42
    Armin Karrer, Restaurant Die Ulrichshöhe,
    Herzog-Ulrich-Str. 24, 72622 Nürtingen

...köche – die Restaurants

...d alle Rezepte für vier Personen

Maultaschen mit Wildkräutern 44
   Horst Feiler, Restaurant Feiler, Oberer Markt 4,
   92346 Wiesenttal-Muggendorf

Herzstück vom Donauwaller pochiert im Wurzelsud mit Meerrettich und Kräutern 46
   Gebhard Endl, Restaurant Wilder Mann,
   Schmiedgasse 2, 94032 Passau

Kleiner Hummer in Kamillenblüten gedämpft 48
   Jean-Claude Bourgueil, Restaurant im Schiffchen,
   Kaiserwerther Markt 9, 40489 Düsseldorf

Perlhuhn mit Rehfilet gefüllt im Blätterteigmantel 50
   Hermann Anfang, Restaurant Kirchberg-Schlößl,
   Thumseestr. 11, 83435 Bad Reichenhall

Blutwurstravioli mit Bierzwieberl 52
   Karl Ederer, Gasthaus Glockenbach,
   Kapuzinerstraße 29, 80337 München

Kopfsalat mit Räucherforellen-Bärlauch-Mousseline und Gurkenwürfeln 54
   Hermann Laudensack, Laudensack Parkhotel,
   Kurhausgasse 28, 97688 Bad Kissingen

Steinbuttschnitte am Knochen gebraten mit einem Pot au feu von Gemüsen 56
   Lothar Eiermann, Wald- und Schloßhotel,
   Friedrichsruhe, 74639 Zweiflingen/Öhringen

Kaninchenkeule im Bündle mit Trüffel und Steckrüben 58
   Jürgen Scharnagl, Restaurant Schwarzer Adler,
   Kraftshofer Hauptstr. 166, 90427 Nürnberg

Taubenkotelette auf Portwein-Trüffeljus 60
   Ulrich Schaller, Restaurant Schaller,
   Ketschendorfer Str. 22, 96450 Coburg

„Vitello tonnato" vom Spanferkel und geräucherten Saibling 62
   Jörg Schmitz
   Restaurant Forsthaus Ilkahöhe,
   82324 Tutzing-Oberzeismering

Apfel-Brotkuchen mit Vanillesauce 64
   Cosimo Ruggiero, Restaurant La Vigna,
   Wilhelm-Dieß-Weg 22, 81927 München

Racasse mit krosser Haut auf Barigoul-Gemüse 66
   Joe Gasser, Restaurant Massimiliano,
   Rablstr. 10, 81669 München

Crêpinette vom Kaninchenrücken in beurre rouge 68
   Dieter Maiwert
   Restaurant Patrizierhof,
   Untermarkt 17, 82515 Wolfratshausen

Chartreuse vom Fasan 70
   Helmut Krausler, Restaurant Bernlochner,
   Ländgasse 3-5, 84028 Landshut

Krebse in Frankenweinsud 2
   Erwin Weidenhiller,
   Restaurant Kupferpfanne,
   Königsstr. 85, 90762 Fürth

Boudin von Gänsen und Trüffel aus dem Perigord 74
   Günter Scherrer, Victorian, Königsstraße 3a,
   40212 Düsseldorf

Fasanenbrust in Wacholderrahm mit Kraut-Taschen 76
   Albert Oblinger, Restaurant Zum Alten Fischertor,
   Pfärrle 14/16, 86152 Augsburg

Friesische Krabbensuppe mit Gemüsestreifen 78
   Helmut Bittlingmeier
   Restaurant Apicius im Jagdhaus Eiden,
   26160 Bad Zwischenahn

ALFONS SCHUHBECK

Bayerische Bauernente mit Blaukraut und Brezenknödel

1 BAUERNENTE (ETWA 2,5 KG)
2 ZWIEBELN, 1/2 APFEL,
1 STENGEL MAJORAN,
2 EL. GEHACKTE PETERSILIE
SALZ UND PFEFFER AUS DER MÜHLE
1/2 L BRÜHE

1 KG BLAUKRAUT, 1 SÄUERLICHER APFEL
100 ML ROTWEINESSIG, 1 EL. BUTTER,
1 ZWIEBEL, 25 G ZUCKER
200 ML ROTWEIN, 125 ML BRÜHE,
70 G PREISELBEEREN, 1/2 ZIMTSTANGE,
1 - 2 NELKEN, 1 LORBEERBLATT
SALZ UND PFEFFER AUS DER MÜHLE

150 G FRISCHE LAUGENBREZEN OHNE SALZ,
100 ML MICH
3 EIER, 1 BUND PETERSILIE,
1 KLEINE ZWIEBEL, 50 G BUTTER,
SALZ U. PFEFFER AUS DER MÜHLE, MUSKAT

WEINEMPFEHLUNG:
1994 BLAUFRÄNKISCH TRADITIONELL
LEO HILLINGER, BURGENLAND

KURHAUSSTÜBERL
AM SEE 1
83329 WAGING AM SEE
TELEFON 08681/4009-12

Ente für eine Stunde ins Eiswasser legen. Flügel und Hals abschneiden und für die Soße kleinhacken. Zwiebeln und Apfel schälen, würfeln und mit Kräuter mischen. Ente innen und außen mit Salz und Pfeffer einreiben und mit der Apfel-Zwiebelmischung füllen. Die Öffnung mit einem Spieß zustecken. Die Ente in einen Bauerntopf legen und 1/2 l Wasser zugießen. Im auf 175°C vorgeheizten Backofen etwa zwei Stunden braten. Dabei ab und zu mit dem herausgebratenen Fett begießen. Die fertige Ente aus dem Topf nehmen. Das Bratenfett abschöpfen und beiseite stellen. Für die Soße Flügel- und Halsstücke im Bratensatz der Ente bräunen. Die Füllung aus der Ente zufügen und kurz mitschmoren. Brühe zugießen und 20 Minuten bei kleiner Hitze im geschlossenen Topf kochen. Die Soße durchsieben und mit Salz und Pfeffer würzen. 1 - 2 Eßlöffel Entenfett unterrühren und die Soße warm stellen. Keulen von der Ente abtrennen, die Knochen herauslösen. Brustfleisch vom Knochen lösen.

Die äußeren Blätter und den Strunk vom Kohlkopf entfernen. Den Kohl mit einem scharfen Messer oder einem Krauthobel in feine Streifen schneiden. Apfel schälen und entkernen. Das Kraut mit Salz bestreuen und mit Rotweinessig zugießen. Alles mischen und etwa 2 Stunden stehen lassen. Butter in einem Topf zerlassen. Gewürfelte Zwiebel, geriebenen Apfel und Zucker darin glasig dünsten. Das Blaukraut mit der Flüssigkeit zufügen. Kurz anschmoren. Rotwein, Brühe, Preiselbeeren, Zimtstange, Nelken und Lorbeer zufügen und mischen. 30 Minuten im geschlossenen Topf garen. Mit Salz und Pfeffer abschmecken.

Die Brezen in 1 cm große Würfel schneiden. Aufgekochte, leicht abgekühlte Milch und die Eier zugeben. Gehackte Petersilie und Zwiebelwürfel in 20 g Butter andünsten und zur Milch-Brezen-Masse geben. Mit einem Kochlöffel vorsichtig unterheben und die Mischung mit Salz, Pfeffer und einer Prise Muskat abschmecken. Ein großes Stück Alufolie mit Butter einstreichen. Die Brezenmasse zu einer länglichen Rolle von etwa 3 cm Durchmesser formen und in die Folie einwickeln. Die Enden fest zusammendrücken, damit die Rolle wasserdicht verschlossen ist. Die Knödelrolle in einem Topf mit leicht siedendem Wasser etwa 30 Minuten garen. Kurz abkühlen lassen und aus der Folie nehmen. Die Rolle in fingerdicke Scheiben schneiden und in der Pfanne in der restlichen heißen Butter von beiden Seiten goldgelb braten.

PETER NÖTHEL

Ragout von Hummer in Curry mit geschmorten Gurken

SAUCE:
HUMMERKARKASSEN
2 EL. OLIVENÖL, 1 TEEL. BUTTER
JE 40 GR. KAROTTEN, LAUCH, SELLERIE, SCHALOTTEN, FENCHEL,
1 TOMATE GEWÜRFELT,
1 TEEL. TOMATENMARK, 1 KNOBLAUCHZEHE,
CURRY, BASILIKUM, ESTRAGON
2,5 DL. WEIßWEIN, 2 CL NOILLY PRAT,
2 CL COGNAC
5 DL. FISCHFOND, 2,5 DL. CREME FRAICHE
SALZ, ZITRONE, CAYENNE
50 GR. BUTTER ZUM MONTIEREN
2 EL. GESCHLAGENE SAHNE

RAGOUT:
4 HUMMERSCHWÄNZE, JE 150 GR.
2 EL. ÖL, 20 GR. BUTTER, SALZ,
FRISCH GEMAHLENER PFEFFER

GEMÜSE:
1 GURKE, BUTTER ZUM ANDÜNSTEN,
SALZ, PFEFFER, ZUCKER
1 KLEINER BUND DILL, BUTTER

Olivenöl in einem Topf erhitzen, die Karkassen hineingeben und rundum leicht rösten. Butter, Gemüse- und Tomatenwürfel zugeben und anziehen lassen. Das Tomatenmark und die Kräuter zugeben. Mit Weißwein, Cognac und Noilly Prat ablöschen. Den Fischfond zugeben und etwas reduzieren lassen. Sahne und Creme Fraîche zugeben und noch etwa 10 Minuten köcheln lassen, passieren. Mit Salz, Zitrone und Cayenne abschmecken. Mit der kalten Butter aufmontieren und der Sahne abrunden.

Die Hummerschwänze quer in Medaillons schneiden. Öl und Butter in einer Pfanne erhitzen und darin die Hummermedaillons von beiden Seiten goldbraun braten, würzen.

Die Gurke schälen, entkernen und in die gewünschte Form tounieren. In Butter anziehen, mit Salz, Pfeffer und einer Prise Zucker würzen. Mit frischer Butter und gehacktem Dill vollenden.

WEINEMPFEHLUNG:
1996 CHARDONNAY-SEMILLON „ARATJARA"
RIVERINA, AUSTRALIEN

RESTAURANT HUMMERSTÜBCHEN HOTEL
FISCHERHAUS
BONIFATIUSSTRAßE 35
40547 DÜSSELDORF
TELEFON 0211/594402

JOSEF RAMSL

Gespickte Lammkeule mit Kräutern und grünen Bohnen

*1 LAMMKEULE (AUSGELÖST) CA. 800 GR.,
6 KNOBLAUCHZEHEN, THYMIAN, LAVENDEL,
2 SALBEIBLÄTTER, BEIFUSS, LIEBSTÖCKL UND
ROSMARIN, SALZ UND FRISCH GEMAHLENER
PFEFFER.*

*SAUCE:
2 EL ÖL ZUM ANBRATEN, DIE KNOCHEN DER
KEULE IN WALNUSSGROSSE STÜCKE GEHACKT,
2 ZWIEBELN, 1 KAROTTE, ETWAS LAUCH UND
SELLERIE IN GROBE WÜRFEL,
1 TL TOMATENMARK, 20 GR. KALTE BUTTER,
CA. 1/4 L WASSER UND 1/4 L ROTWEIN ZUM
AUFGIESSEN.*

*BEILAGE:
600 GR. GRÜNE BOHNEN IN SALZWASSER
KNACKIG GEKOCHT UND IN EISWASSER
ABGESCHRECKT, 20 GR. BUTTER,
1/2 ZWIEBEL FEIN GESCHNITTEN,
SALZ, PFEFFER, 1 EL BOHNENKRAUT.*

Knoblauchzehen der Länge nach vierteln und damit die Lammkeule spicken. Kräuter fein hacken, mit Salz und Pfeffer mischen und die Keule damit einreiben.

Die Lammknochen mit der Keule anbraten, Zwiebeln, Gemüse und Knoblauch dazugeben, weiter anrösten, Tomatenmark dazu. Wenn alles Farbe angenommen, mit Rotwein und Wasser ablöschen und ins 250° heiße Rohr. Die Keule öfters mit Bratensaft begießen. Nach ca. 40 Min. Keule aus dem Rohr nehmen und warmstellen. Den Bratensaft auf dem Herd auf etwa 1/4 l einkochen und abseihen. Fertige Sauce nochmals aufkochen, die kalte Butter einrühren und abschmecken.

Für die Bohnen Butter in der Pfanne erhitzen, Zwiebeln glasig braten, die Bohnen dazu, salzen, pfeffern und durchschwenken. Zum Schluß mit Bohnenkraut abschmecken.

*WEINEMPFEHLUNG:
1993 MORELLINO DI SCANSANO RISERVA
FATTORIA LE PUPILLE, TOSKANA-MAREMMA*

*HISTORISCHES RESTAURANT HERRENHAUS
HERRENGASSE 17
83512 WASSERBURG AM INN
TELEFON 08071/2800*

HERBERT LANGENDORF

Entenbrust mit Weintrauben und Ingwer

4 BRÜSTE VON DER BARBARIE-ENTE
OLIVENÖL, PFEFFER, SALZ

SAUCE:
1/2 EL. ZUCKER, 40 WEINTRAUBEN
1 TEEL. FRISCHE INGWERKNOLLE
4 CL TROCKENER WEISSWEIN
SAFT EINER ZITRONE, 2 EL. PORTWEIN
1 DL GEFLÜGELFOND (BRAUN)
50 G FESTE SÜßRAHMBUTTER

CRÊPES:
2 MITTELGROßE KARTOFFELN
2 EIER, 4 CL CRÉME FRAÎCHE
6 GROB GEHACKTE WALNUSSKERNE
WALNUSSÖL, SALZ, MUSKAT, PFEFFER,
KERBEL

Die Entenbrüste mit Salz und Pfeffer würzen und mit der Hautseite in das heiße Olivenöl der Pfanne legen. Brüste ca. 8 Minuten im vorgeheizten Backofen braten, dann drei bis fünf Minuten ruhen lassen (nicht im Ofen).

Zucker mit 2 cl Wasser zu einem leichten Karamel kochen. Feingeschnittenen Ingwer dazugeben, mit Weißwein und Zitronensaft ablöschen. Den Geflügelfond dazugießen und ca. zehn Minuten köcheln lassen. Portwein dazugeben, Butter einschwenken. Abgezogene und entkernte Weintrauben beigeben.

Die Kartoffeln ausdämpfen und passieren. Kartoffelmasse mit den Eiern, Crême fraîche, Salz, Pfeffer, Muskat und den Walnußkernen zusammenarbeiten. Kleine Crêpes formen und im Walnußöl ausbacken.

Entenbrüste auf die Teller verteilen, Sauce beigeben und die Crêpes plazieren. Mit Kerbel dekorieren.

WEINEMPFEHLUNG:
1994 SHIRAZ
SIMONSIG, SÜDAFRIKA „ STELLENBOSCH

DIE ENTE VOM LEHEL
KAISER-FRIEDRICH-PLATZ 3-4
65183 WIESBADEN
TEL. 0611/133666

Josef Achatz

Gröstl vom Donauhecht

600 g Hecht
8 gekochte Kartoffeln u.
2 gekochte Karotten
1 Zweig gehackten Rosmarin,
geschnittenen Liebstöckel
1 Teelöffel Kapern, 5 schwarze
Oliven, 5 grüne Oliven
3 Knoblauchzehen,
0,1 l Olivenöl

Hecht in mundgroße Stücke schneiden, mit etwas Salz und Pfeffer würzen und auf beiden Seiten goldgelb anbraten. Warm stellen und etwas ziehen lassen.

Kartoffeln und Karotten in Scheiben schneiden, salzen und pfeffern und schön knusprig braten; den gehackten Rosmarin dazugeben.

Kapern, Oliven und Knoblauch fein hacken, mit etwas Zitronensaft und dem Olivenöl vermischen.

Kartoffeln und Karotten auf dem Teller verteilen. Die gebratenen Hechtstücke auf die Kartoffeln und Karotten legen.

Die Hechtstücke mit der Kapern-Olivensoße beträufeln. Zum Schluß den feingeschnittenen Liebstöckel überstreuen.

Weinempfehlung:
1995 Grüner Veltiner
„Kremser Gebling" QbA
Weingut Zimmermann, Kremstal

Landgasthof Buchner
Freymannstraße 15
94559 Welchenberg
Telefon 09962/730

RÜDIGER FORST

Spanferkelbrust mit Steinpilzfüllung und Zwiebelsauce

1 SPANFERKELBRUST 1000 GR. AUSGELÖST
300 G SPANFERKELKNOCHEN GEHACKT
SALZ, PFEFFER, KNOBLAUCH, PAPRIKA,
KÜMMEL, 2-3 EL. ÖL
BINDFADEN UND NADEL

FÜLLUNG:
400 G STEINPILZE IN WÜRFEL
SALZ, PFEFFER, ZITRONE, 30 GR. BUTTER
1/2 STANGE WEISSBROT
50 GR. ZWIEBELN ANGESCHWITZT
100 GR. HEISSE MILCH, 2 EIER, PETERSILIE,
SALZ, PFEFFER, MUSKAT

SAUCE:
1/2 L KALBSFOND DUNKEL
200 GR. RÖSTGEMÜSE
(KAROTTEN, ZWIEBEL, SELLERIE,
LAUCH IN 2 CM WÜRFEL)
1 EL. WEIZENSTÄRKE
3 EL. FEINGESCHNITTENE ZWIEBELWÜRFEL
5 CL WEISSWEIN, 2 CL COGNAC,
2 EL. GEHACKTE PETERSILIE

In die Spanferkelbrust eine Tasche schneiden und von außen gut würzen. Mit Knoblauch einreiben. Für die Füllung eine Semmelknödelmasse (Brot in Scheiben schneiden mit Milch befeuchten, Zwiebel, Eier und Gewürze zugeben) herstellen und die angebratenen Steinpilze unterheben. Diese Masse in die Brusttasche einfüllen und mit dem Faden zunähen.

Die Knochen in eine Bratpfanne geben, etwas Öl darübergießen und die Spanferkelbrust vorsichtig darauflegen. Bei 200°C ins Backrohr schieben und nach ca. 1 Std. vorsichtig umdrehen, dabei das Röstgemüse zugeben. Nach weiteren 20 Min. mit Kalbsfond angießen und noch 30 Min. bei ständigem Übergießen im Backrohr weiterschmoren. Die Spanferkelbrust herausnehmen, den Faden entfernen und warm stellen.

Die Sauce durch ein Sieb gießen und das Fett entfernen. Die feinen Zwiebelwürfel anschwitzen bis sie goldbraun sind, mit dem Weißwein ablöschen und den Cognac zugeben, gut auch etwas Bier für die bayerische Variante. Danach den Spanferkelfond zugießen. Etwas einreduzieren und mit der Stärke leicht binden. Zum Schluß die Petersilie zugeben und abschmecken.

Mit Wirsingpüree und Jungkarotten servieren.

WEINEMPFEHLUNG:
1995 COTES DU ROUSSILLON VILLAGES
CHATEAU DONA BAISSAS, ROUSSILLON

HISTORISCHES ECK
WATMARKT 6
93047 REGENSBURG
TELEFON 0941/58920

FRIEDBERT LANG

Paillard von der Lachsforelle an weißen Spargelspitzen und Sauce Hollandaise

PAILLARD:
4 LACHSFORELLENFILETS À 100 G
SALZ, ZITRONENSAFT
2 EL FRISCH GEHACKTE KRÄUTER
(BASILIKUM, PETERSILIE, SCHNITTLAUCH)
1 EL OLIVENÖL, 3 EL WEISSBROTWÜRFEL
4 EL BUTTERFLOCKEN

SPARGELSPITZEN:
PRO PERSON
6 STANGEN WEISSER STANGENSPARGEL
1 PRISE ZUCKER
1 PRISE SALZ
30 GR. BUTTER
1/2 ZITRONE

SAUCE HOLLANDAISE:
4 EIGELB
1 EL WASSER
200 G ZERLASSENE LAUWARME BUTTER
1/2 TL ZITRONENSAFT, SALZ, PFEFFER

Die Lachsforelle in dünne Scheiben schneiden (Paillards), mit Salz, Zitronensaft, frisch gehackten Kräutern und Olivenöl ca. 1 Stunde marinieren. Während dieser Zeit den Spargel schälen, in kochendes Wasser legen, Zucker, Salz, Butter und die halbe Zitrone dazugeben. Je nach Stärke des Spargels ca. 15-20 Minuten gar kochen. Den Spargel aus dem Wasser nehmen, abtropfen lassen und auf dem Teller anrichten.

Auf die Spargelenden die marinierten Lachsforellenpaillards legen, die Weißbrotwürfel und die Butterflocken darauf verteilen und ca. 3-5 Minuten im vorgeheizten Backofen bei ca. 250 Grad überbacken.

Das Eigelb in einen Topf geben, mit dem Wasser verrühren und mit Hilfe eines Schneebesens bei mäßiger Hitze oder im Wasserbad schaumig schlagen. Den Topf von der Feuerstelle nehmen und die lauwarme Butter unter ständigem Rühren dazugeben, bis eine cremige Sauce entsteht und warm stellen.

WEINEMPFEHLUNG:
1996 CHARDONNAY „CONTESSA CORET"
KG SCHRECKBICHL, SÜDTIROL

RESTAURANT HOYERBERG-SCHLÖSSLE
HOYERBERGSTRASSE 64
88131 LINDAU/BODENSEE
TELEFON 08382/25295

STEFAN MARQUARD

Williamsbirne in Aceto Balsamico mit Rosmarineis und Vanillepolenta

WILLIAMSBIRNEN:
2 GROSSE VOLLREIFE WILLIAMSBIRNEN
150 G BRAUNER ZUCKER, 1 ZIMTSTANGE,
1 STERNANIS, 0,5 L WEIßWEIN,
4 CL ACETO BALSAMICO
4 CL WILLIAMS, PARMESAN ZUM HOBELN

VANILLEPOLENTA:
3 VANILLESTANGEN, 1 PRISE ZIMT GEMAHLEN
0,5 L MILCH, 150 G POLENTAGRIES
120 G ZUCKER

ROSMARINEIS:
0,5 L SAHNE, 6 EIGELB
30 G FEINGEHACKTEN ROSMARIN
120 G ZUCKER, 30 G BUTTER
2 CL OLIVENÖL

Die Williamsbirnen schälen, halbieren und das Kernhaus herausnehmen. Aus Weißwein, Sternanis, braunem Zucker und Zimtstange einen Sud kochen und die Birnen darin pochieren. Die Birnen herausnehmen und kalt stellen. Den Fond einkochen, bis der Zucker karamelisiert, und nun mit dem Williams und dem Aceto Balsamico ablöschen. Anschließend passieren und kalt stellen.

Zur Herstellung des Rosmarineises die Sahne und den Zucker aufkochen. Anschließend das Eigelb schaumig schlagen und die kochende Sahne unter ständigem Rühren daraufgießen, sodann passieren. Nun den gehackten Rosmarin unterrühren und gefrieren.

Die Milch jetzt mit der Vanillestange und dem Zucker aufkochen und nach und nach den Polentagrieß einrühren. Auf kleiner Flamme ca. eine Stunde ziehen lassen, bis sie schön cremig ist. Sodann den gemahlenen Zimt dazugeben und mit Butter glattrühren.

Über das angerichtete Dessert Olivenöl sowie Parmesan hobeln.

WEINEMPFEHLUNG:
1992 VENDEMMIA TARDIVA
AVIGNONESI, TOSKANA „MONTEPULCIANO"

RESTAURANT 3 STUBEN
KIRCHSTRAßE 7
88709 MEERSBURG
TELEFON 07532/80020

HARALD WOHLFAHRT

Brust von der Bresse-Poularde mit Aromaten

POULARDE:
AUSGELÖSTE BRÜSTE VON
2 BRESSEPOULARDEN
4 REISBLÄTTER (AUS DEM CHINA-SHOP)
6 GROSSE CHAMPIGNONKÖPFE
1 ZUCCHINO, 1 KLEINE GRÜNE PAPRIKA-SCHOTE, 1 KLEINE ROTE PAPRIKASCHOTE
1 STÜCK ENGL. STAUDENSELLERIE
4-6 BAUMTOMATEN, 2 CL WEIßWEIN
1 TEEL. PUDERZUCKER, 100 G BUTTER, 1 EI
SALZ UND PFEFFER AUS DER MÜHLE

GEFLÜGELFOND:
KARKASSEN DER BRESSEPOULARDE
1 BUND SUPPENGRÜN
1/2 L GEFLÜGELFOND (HELL) ODER WASSER
100 ML WEIßWEIN, 20 G ÖL

SAUCE:
1/2 DL MILDER ROTWEINESSIG
1/4 DL GUTE SOJASAUCE (CHINA-SHOP)
1/2 DL GEFLÜGELFOND, 120 G BUTTER
TABASCO, SALZ UND PFEFFER AUS DER MÜHLE

WEINEMPFEHLUNG:
1994 ZINFANDEL
CAYMUS, KALIFORNIEN (NAPA VALLEY

HOTELRESTAURANT TRAUBE TONBACH
FAMILIE FINKBEINER
72270 BAIERSBRONN-TONBACH
TEL. 07442/4920, FAX 07442/492692

Die Karkassen der beiden Bresse-Poularden zerhacken und mit dem geputzten und zerkleinerten Suppengrün in Öl rösten. Mit dem hellen Geflügelfond (oder mit dem Wasser) sowie dem Weißwein aufgießen und 45 Minuten kochen, abseihen und nach Wunsch reduzieren.

Die Poulardenbrüste sauber parieren (von Sehnen und Hautresten befreien). Die Reisblätter auf nasse Tücher ausbreiten, mit nassen Tüchern belegen und weichen lassen. Die Champignons mit einem Tuch abreiben, in dünne Steifen schneiden und mit etwa 5 g Butter andünsten, mit Salz und Pfeffer würzen. Staudensellerie, Paprikaschoten und Zucchino schälen, das Gehäuse von den Paprikaschoten entfernen und alle Gemüse in ca. 3 cm dicke Streifen schneiden. Die Gemüsestreifen in Salzwasser blanchieren und danach ebenfalls in etwas Butter andünsten, mit Salz und Pfeffer würzen. Vom Staudensellerie die inneren Blätter mit etwas Stiel entfernen und für die Garnitur zur Seite legen. Die Baumtomaten (Tamarillos) in dünne Scheiben schneiden.

Die vorbereitete Poulardenbrust mit Pfeffer und Salz würzen und auf ein Reisblatt legen. Gut die Hälfte von den Gemüsestreifen auf die Brüste verteilen, alles zusammenrollen, so daß die Gemüse oben zu sehen sind. Teigränder mit etwas Eiweiß bestreichen, damit sie zusammenhalten. Die eingerollten Brüste ca. eine Stunde stehen lassen, damit der Teig etwas antrocknet, dann mit der zerlassenen Butter einpinseln und im vorgeheizten Ofen bei ca. 220 Grad Celsius 18 bis 20 Minuten knusprig backen.

In einer Sauteuse den Rotwein völlig einkochen lassen, mit der Sojasauce und dem Geflügelfond (braun) aufkochen und nochmals auf die Hälfte reduzieren lassen. Die kalte Butter einschlagen und mit Tabasco, Salz und Pfeffer würzen.

Den Weißwein zusammen mit dem Puderzucker sirupartig einkochen lassen und die Scheiben der Baumtomaten darin kurz glasieren. Die zurückbehaltenen Sellerieblätter in der heißen Friteuse bei 200 Grad Celsius kroß fritieren und dann auf einem Tuch das Fett abtropfen lassen, leicht mit Salz und Pfeffer würzen.

Heinz Beck

Schwarzer Risotto mit Drachenkopffilet

1000 g Drachenkopffilet
240 g Carnaroli Reis
100 ml Weisswein
250 ml Brühe
250 ml Fischsud
2 g Tinte vom Tintenfisch
400 g Tomaten

Weinempfehlung:
1996 Pinot Grigio „Ronco Calai"
Russolo, Friaul

Ristorante „La Pergola"
Hotel Cavalieri Hilton
Via Cadlolo, 101
00136 Rom
Tel. (0039) 06/3509221,
Fax (0039) 06/35092241

Den Drachenkopf filetieren und in Medaillons schneiden. Die Medaillons leicht salzen und in einem Fischdämpfer weichgaren.

Den Reis in Öl andünsten bis er glasig ist. Mit Weißwein ablöschen. Die Tinte und nach und nach die Brühe und den Fischsud zugeben. Der Risotto muß während des Kochens ständig gerührt werden, damit er nicht am Topfboden festsetzt.

Wenn nötig mit Salz nachschmecken.

Die Tomaten in kochendem Wasser überbrühen und in Eiswasser abschrecken. Die Haut abziehen und die Tomaten vierteln, entkernen und in Würfel schneiden. In einem Topf erwärmen und mit Salz und Zucker abschmecken.

Den Risotto in einen tiefen Teller geben. Die Medaillons daraufsetzen und mit den Tomatenwürfeln garnieren.

ULRICH SCHILLING

Rehrückenfilet mit Äpfeln und Hagebuttensauce

600 G REHRÜCKENFILET
SALZ, PFEFFER AUS DER MÜHLE
BUTTER ZUM ANBRATEN
2 GRÜNE ÄPFEL (Z.B. GRANNY SMITH)

FÜR DAS ROTKRAUT:
1 MITTELGROSSER ROTKOHL
ROTWEIN
30 G BUTTER
1/2 ZIMTSTANGE, LORBEERBLATT
2 EL ORANGENSAFT
HONIG
JOHANNISBEERGELEE

FÜR DIE SAUCE:
2 DL ROTWEIN
1/4 L BRAUNER WILDFOND
BUTTER, SAHNE
1 EL HAGEBUTTENMARK

Für das Rotkraut den Kohl schneiden, mit Rotwein übergießen und so mariniert über Nacht stehen lassen. Den Wein abgießen und den Kohl in Butter andünsten. Die Marinade aufgießen, Zimt und Lorbeer dazugeben und weichkochen. Den Kohl mit Orangensaft und Honig abschmecken.

Für die Sauce den Rotwein mit dem Wildfond zur gewünschten Konsistenz einkochen, das Hagebuttenmark dazugeben, mit Butter und Sahne aufschlagen und abschmecken.

Die mit Salz und Pfeffer gewürzten Rehrückenfilets in Butter anbraten. Im Ofen bei kleiner Hitze ca. (150°C) in 10-15 Min. garen. (Bitte rosa braten).

Die Äpfel schälen, die Kerngehäuse ausstechen und in Scheiben schneiden. Die Scheiben in Feinzucker wenden und in Butter anbraten.

Das Rehfilet aufschneiden, mit den Apfelscheiben und der Hagebuttensauce anrichten. Das Rotkraut dazugeben und servieren.

Als Beilage eignen sich hervorragend Schupfnudeln oder Brezenknödel.

WEINEMPFEHLUNG:
1994 CHIANTI CLASSICO RISERVA
QUERCIABELLA, TOSKANA

RESTAURANT WALDHORN
SCHÖNBUCHSTRAßE 49
72074 TÜBINGEN
TELEFON 07071/61270

Heinz Winkler

Rinderfilet in Rotwein

4 Scheiben Rinderfilet à 140 g
0,5 l Rotwein
1 Thymianzweig, 1 Rosmarinzweig,
1 Lorbeerblatt, 5 Pfefferkörner, Salz
1 Karotte, 1 kleines Stück
Staudensellerie, 1/2 kleine Zwiebel

15 Frühlingszwiebeln
12 junge Karotten
1 kleinen Zucchino

Sauce:
0,5 l Rotwein, 0,1 l Portwein
4 Schalotten, 150 g Butter
0,25 l Kalbsfond
Salz

Das Gemüse putzen, zerkleinern und zusammen mit dem Rotwein und dem Salz in einem Topf aufkochen lassen, die Kräuter und den Pfeffer dazugeben.

Karotten und Zucchino tournieren und getrennt in Salzwasser knackig kochen.

In einen Topf Rotwein, Portwein und die geschnittenen Schalotten aufkochen, auf ein Drittel reduzieren, etwas abkühlen lassen und nach und nach die Butter einrühren. Durch ein Sieb gießen, den erwärmten Fond dazugeben und eventuell noch etwas salzen.

Den Rotwein-Kräutersud aufkochen und die Rinderfiletscheiben hineinlegen, ca. 8 Min. darin ziehen lassen. Das Ganze sollte nicht mehr kochen.

Auf vorgewärmte Teller einen Saucen-Spiegel gießen, die Filets halbieren, darauflegen und außen herum das tournierte Gemüse plazieren.

Weinempfehlung:
1994 La Clape Rouge
Chateau Ricardelle, Languedoc

Residenz Heinz Winkler
Kirchplatz 1
83229 Aschau
Telefon 08052/1799-0

MARKO MEINGASSNER

Gespickter Lachs mit grünen Spargel an weißer Tomatensauce und Dillkartoffel

4 STCK LACHS-MITTELSTÜCKE À 160 GR.
16 STCK GRÜNER SPARGEL,
2 KG FLEISCHTOMATEN
8 STCK MITTELGROSSE KARTOFFELN
1 KL STRAUSS DILL, 1/8 L SAHNE, BUTTER
FENCHELGRÜN, ANISSTERNE, SALZ, PFEFFER,
ZITRONEN

WEINEMPFEHLUNG:
1996 WEISSBURGUNDER KABINETT TROCKEN
WEINGUT DR. HEGER, BADEN

RESTAURANT LE CHATEAU
HOTEL SCHLOSS SCHWARZENFELD
SCHLOSSSTRASSE 13 UND 15
92521 SCHWARZENFELD
TELEFON 09435/5550

Für die weiße Tomatensauce pürieren Sie frische Tomaten und lassen Sie in einem Tuch über Nacht abtropfen.

Kochen Sie den klaren Saft mit einem Anisstern auf und seihen ihn ab.

Bereiten Sie eine helle Roux zu und gießen Sie diese mit dem Tomatensaft ab. Vollenden Sie die Sauce mit etwas Sahne und gehacktem Fenchelgrün. Salz nicht vergessen.

Kochen Sie Kartoffeln und schneiden Sie diese in daumendicke Würfel, braten Sie sie in nicht zu heißer Butter goldgelb.

Vor dem Servieren mit gehacktem Dill bestreuen und salzen.

Ein schönes Mittelstück vom Lachs (ca.160° C.) mit einem feinen Messer der Länge nach durchstechen und mit grünem Spargel spicken.

Das Ganze mit 3-4 Spargeln wiederholen. Den Lachs an beiden Seiten anbraten und im Ofen bei 160° C ca. 8 Minuten fertig garen.

Herbert Schmalhofer

Frischlingscarré mit Walnußkruste, Fingernudeln und Selleriepurée

FRISCHLINGSCARRÉ MIT CA. 1000G., PARIERT
2 EL NEUTRALES ÖL
SALZ, PFEFFER AUS DER MÜHLE,
5 WACHOLDERBEEREN, EIN HALBES LORBEER-
BLATT, 1 ZWEIG THYMIAN

SAUCE:
FRISCHLINGSKARKASSEN, 2 EL ÖL
250 G RÖSTGEMÜSE, 50 G TOMATENMARK
0,2 L ROTWEIN, 2,5 L WASSER
1 LORBEERBLATT, 1 GEWÜRZNELKE,
10 WACHOLDERBEEREN,
10 PFEFFERKÖRNER (SCHWARZ UND WEISS),
6 PIMENTKÖRNER, 1 ZWEIG THYMIAN
BUTTER, ZUCKER, ESSIG

KRUSTE:
50 G SCHÄLNÜSSE FEIN GEHACKT
(FRISCHE WALNÜSSE),
1 EL JOHANNISBEERGELEE, WEISSBROTBRÖSEL

FINGERNUDELN:
500 G MEHLIGE KARTOFFELN, GEKOCHT,
100 G BUTTER, SALZ, MUSKATNUSS, 3 EIGELB,
MONDAMIN ZUM AUSROLLEN

SELLERIEPURÉE:
1 KNOLLE SELLERIE, CA. 350 G, 1 KARTOFFEL,
1 EL ZITRONENSAFT, 150 ML SAHNE,
30 G BUTTER
WEISSER PFEFFER AUS DER MÜHLE, MUSKAT-
NUSS, SALZ, 2 CL KIRSCHWASSER ZUM
ABSCHMECKEN

WEINEMPFEHLUNG:
1991 RIOJA „PAGOS VIEJOS" RESERVA
ARTADI, RIOJA-ALAVESA

Frischlingscarré vom Wildhändler so zubereiten lassen, daß die Stilknochen ca. 2-3 cm freiliegen. Den Rücken salzen und pfeffern, kurz im Öl anbraten, damit sich die Poren schließen. Im Rohr, zusammen mit den zerdrückten Wacholderbeeren, Thymian und Lorbeer bei ca. 180 Grad, 12-15 Minuten lang fertigbraten, so daß das Fleisch innen rosa ist. Dabei immer wieder mit dem Bratensaft übergießen.

Frischlingskarkassen, die beim Parieren übriggeblieben sind, in Öl anrösten, das Röstgemüse dazugeben und 5-8 Minuten weiter anrösten. Das Fett abgießen und das Tomatenmark unterrühren. Wieder anrösten. Nach und nach immer etwas Wein und Wasser angießen und einkochen lassen. Nach dem letzten Einkochen die Knochen mit dem restlichen kalten Wasser bedecken, einmal aufkochen lassen und abschäumen. Die Gewürze und die Kräuter hinzufügen und bei milder Hitze offen im Ofen oder auf dem Herd 2-2 1/2 Stunden köcheln lassen. Durch ein Tuch passieren, nach Belieben einkochen. Butter schmelzen, Zucker darin karamelisieren, mit Essig ablöschen und das Ganze mit der Wildsoße aufgießen. Mit etwas kalter Butter aufmixen.

Die ausgedampften Kartoffeln rasch durch die Kartoffelpresse drücken. Das Purée würzen und das Eigelb hinzufügen. Rasch durchmischen und auf dem mit Mondamin bestäubten Tisch kleinfingergroße Nudeln formen und auf ein bemehltes Blech legen. Direkt vor dem Anrichten in Butterschmalz goldgelb herausbacken.

Die Sellerieknolle und die Kartoffeln schälen und keinschneiden. Mit Zitronensaft in Salzwasser weichkochen. Mit einem Schaumlöffel herausnehmen und im Mixer fein pürieren. In einen Topf füllen, mit Salz, Pfeffer und Muskat würzen und unter Rühren bei schwacher Hitze die Sahne dazugießen. Zum Schluß die Butter unterrühren und mit etwas Kirschwasser abschmecken.

Die feingehackten Walnüsse mit dem Johannisbeergelee verrühren, Weißbrotbrösel dazugeben, bis die Masse geschmeidig und streichbar ist. Auf das Frischlingscarré aufstreichen und und mit etwas flüssiger Butter beträufeln. Unterm Grill oder bei Oberhitze im Backofen goldbraun überbacken.

RESTAURANT BISCHOFSHOF
KRAUTERERMARKT 3
93047 REGENSBURG
TELEFON 0941/59080

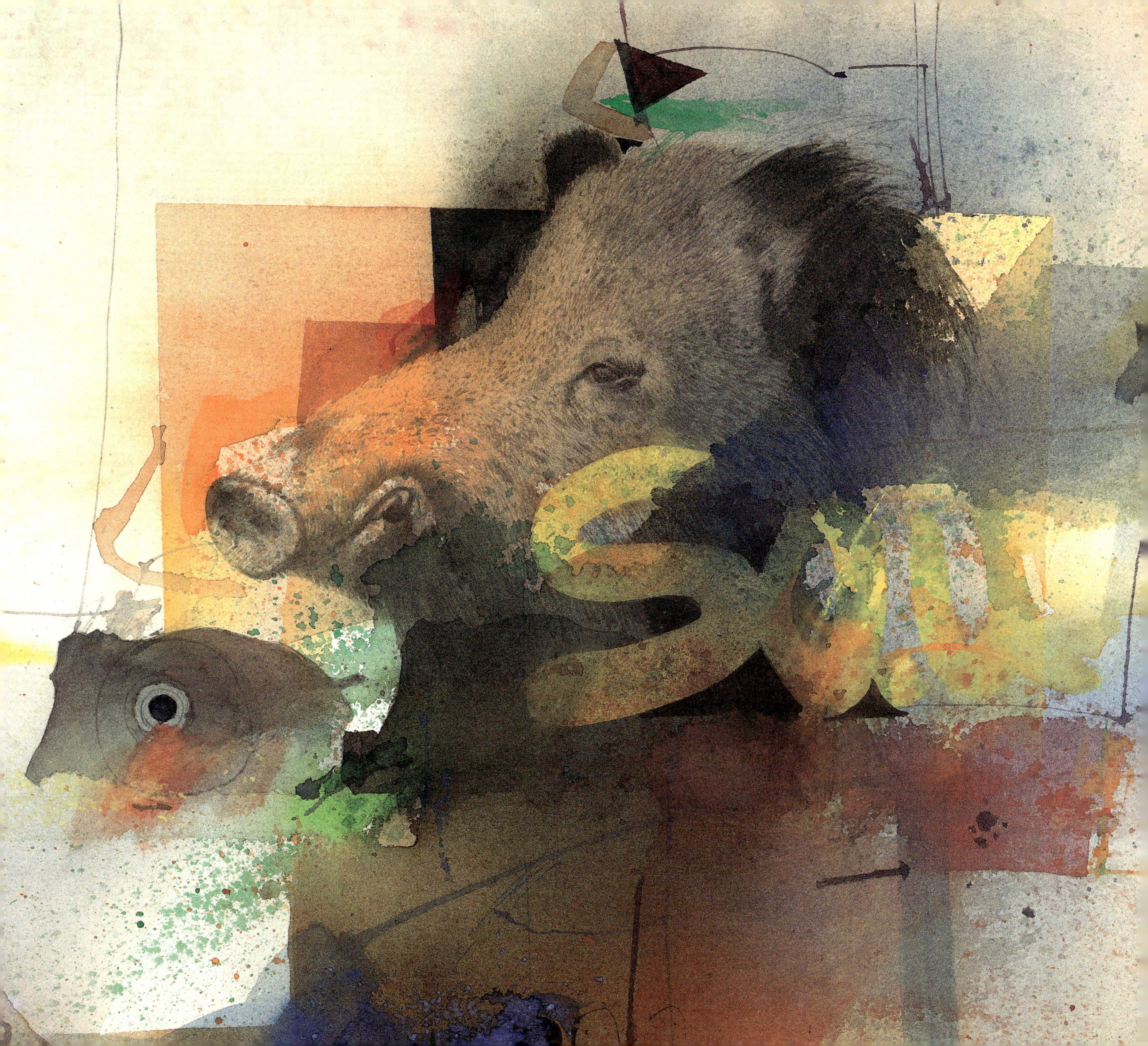
Sau

STEPHAN BRANDL

Spargelnudeln in Malteser Sauce mit Garnelen

SPARGELNUDELN
500 GR GRÜNER SPARGEL
500 GR. WEISSER SPARGEL
SALZ, ZUCKER, ZITRONE
GEFLÜGELFOND

MALTESER SAUCE:
5 ST. ROHE EIER
15 ST. ZERDRÜCKTE PFEFFERKÖRNER
10 G GEHACKTE SCHALOTTEN
1 EL CHAMPAGNERESSIG
0,1 L TROCKNER WEISSWEIN
0,1 L GEFLÜGELFOND, ZITRONSAFT
ABRIEB UND SAFT EINER UNBEHANDELTEN BLUTORANGE
SALZ, PFEFFER, CAYENNE-PFEFFER

16 ST. GARNELEN ODER RIESENGARNELENSCHWÄNZE
BUTTER, SALZ

WEINEMPFEHLUNG:
1996 WEISSBURGUNDER
WEINGUT RENNER, SÜDSTEIERMARK

RESTAURANT GRAUER HASE
UNTERE VORSTADT 12
94469 DEGGENDORF
TEL. 0991/371270

Den weißen Spargel von der Spitze her schälen. Anschließend den Spargel weiterschälen (ca. 1-2 mm dick), daß bandnudelförmige Spargelstreifen entstehen. Bei dem grünen Spargel genau das Gleiche, nur daß der grüne Spargel nur im unteren Drittel geschält wird.

Den Fond aus Salz, Zucker und Zitrone abschmecken und die weißen Spargelstreifen darin langsam ziehen lassen, so daß sie noch Biß haben. Die grünen Spargelstreifen in einem Fond aus Geflügelbrühe und Meersalz kochen. Wiederum al dente kochen.

Die Pfefferkörner, Schalotten, Champagneressig, Geflügelfond und Weißwein in einen Topf geben und zum Kochen bringen. Das Ganze auf 1/3 einreduzieren lassen. Anschließend die Reduktion passieren und abkühlen lassen. Nun die Eigelbe mit der abgekühlten Reduktion auf einem Wasserbad warm aufschlagen, bis die Masse zu binden beginnt. Vom Wasserbad nehmen und tröpfchenweise die geklärte Butter unterrühren. Zum Schluß den Orangenabrieb, den Orangensaft einrühren.
Die Sauce jetzt mit Salz, Zitronensaft und Cayenne-Pfeffer abschmecken.

Die Garnelen/Riesengarnelenschwänze aus den Schalen brechen und vom Rücken her längs halbieren. Jetzt den sichtbaren Darm entfernen. Wenn nötig die Garnelenhälften noch einmal waschen und trockentupfen. In einer Pfanne etwas Butter zerlaufen lassen und die gesalzenen Garnelenhälften einlegen.

Bei mäßiger Hitze langsam braten. Man kann zum Braten einen Thymianzweig dazulegen, dann wird der Geschmack der Garnelen etwas herber.

Zum Anrichten den Spargel in Butter anschwenken mit etwas Spargelfond glasieren. Anschließend auf 4 große Teller verteilt anrichten und Garnelen auf den Spargelgelnudeln verteilen. Anschließend die Malteser Sauce löffelweise über die Garnelen geben

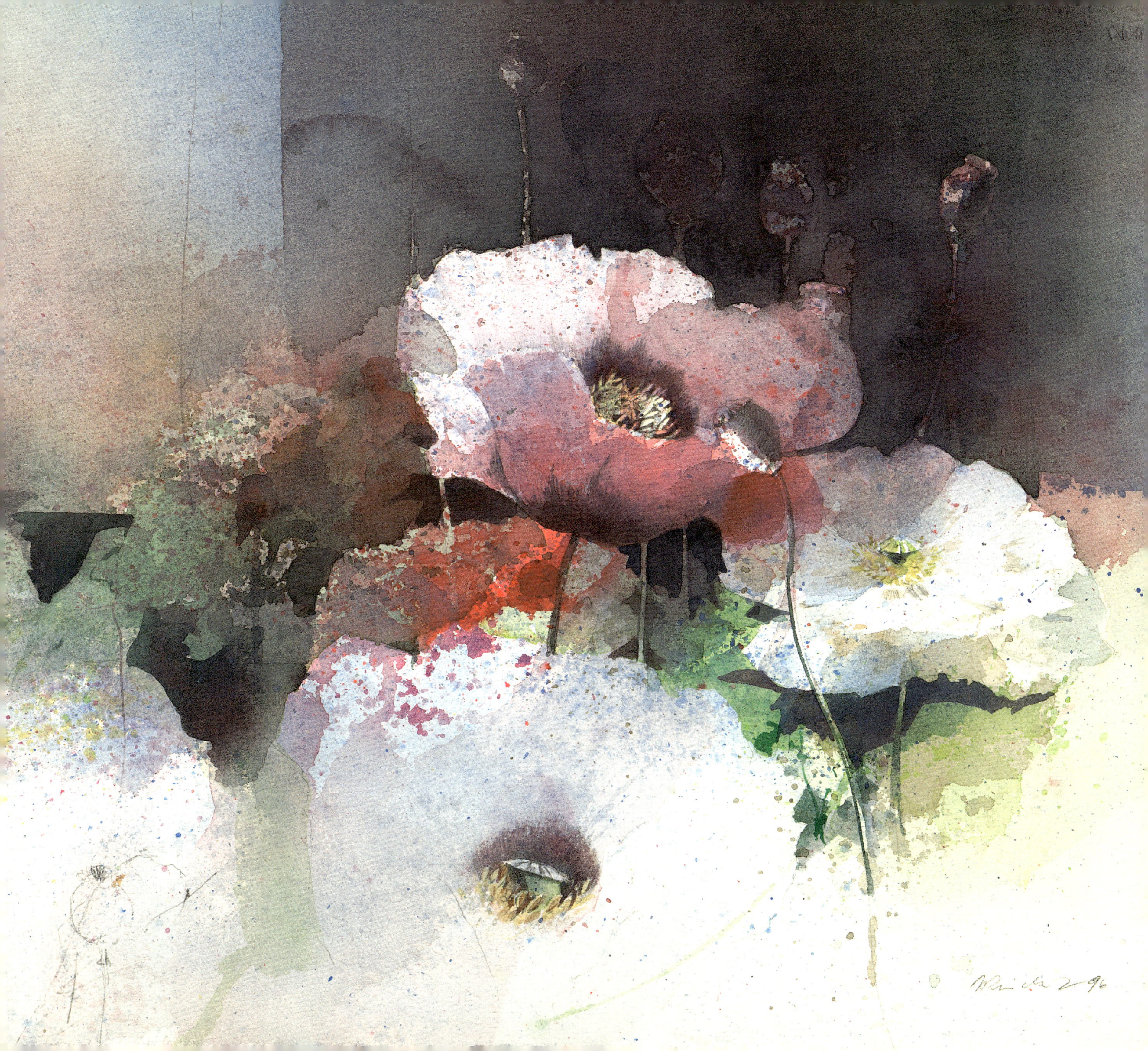

Variationen von Lammrücken auf brasierten Artischocken

1 Milchlammrücken ca. 1,5 kg
50 g Pesto
100 g Lammfarce (50 gr mageres Lammfleisch, 10 g grüner Speck, 1 Eigelb und 45 ml süsse Sahne)
50 g Toastbrotcroûtons für Einlage in die Farce
50 g Mie de Pain
5 Stiele von der Zucchiniblüte
0,3 l Olivenöl
2 Tomaten
200 g Röstgemüse
1 Zweig Rosmarin
3 Knoblauchzehen
2 Zweige Thymian
2 EL Balsamico
1/2 l Brühe
Salz aus der Mühle
Pfeffer aus der Mühle

Weinempfehlung:
1993 Brunello di Montalcino
Il Poggione, Toskana

Hotel-Restaurant Bareiss
im Schwarzwald
72261 Baiersbronn-Mitteltal
Tel. 07442/470

Vom Metzger Milchlammrücken zuparieren und mit den Kotelettes auslösen lassen, die Knochen und Parieren für den Saucensatz separat legen.

Sauce: Lammknochen und Parieren anrösten, Röstgemüse dazugeben und goldbraun weiterbraten. Nun gibt man den Knoblauch, die Tomaten und die Kräuter hinzu, löscht mit Balsamico ab und füllt mit Brühe auf. Dann die Sauce langsam auf 1/3 einkochen lassen, abpassieren und mit Salz und Pfeffer würzen.

Lammfarce: Lammfleisch und grünen Speck klein würfeln, kurz anfrieren. Nun gibt man Fleisch und Speck in den Küchenmixer, ein Eigelb dazu, mit Salz und Pfeffer würzen. Beim Mixen die Sahne nach und nach dazugeben, bis eine cremige Farce entsteht. Dann die gerösteten Toastbrotcroûtons (Würfelchen) und 1 TL Pesto in die Farce unterrühren und abschmecken.

Für die Variation: Sie haben nun die beiden Lammrückenhälften und die zwei Filets vor sich liegen. Die Stücke mit den Kotelettknochen sind die Carres und die Stücke ohne Knochen der Rücken.

Aus dem ersten Carre schneiden Sie vier schöne Kotelettstücke heraus für die Crepinette. Das zweite Carrestück, die Rücken und die Filets werden am Stück gebraten. Koteletten mit der Lammfarce bestreichen und mit feingehobelten Zucchinischeiben (Zucchiniblüte) belegen und die Koteletten dann in ein Schweinenetz einschlagen.
Alles in heißem Olivenöl anbraten, bis die einzelnen Stücke à point gebraten sind.
Das Fleisch kurz abruhen lassen.
Danach werden die Fleischstücke mit Pesto bepinselt und mit „Mie de Pain" (geriebenes Weißbrot) bestreut und unter dem Salamander (Grill) gratiniert.

Die sauber geputzten Artischocken in Ecken schneiden und in heißem Olivenöl anbraten. Dabei darauf achten, daß diese beidseitig schön gleichmäßig braten. Kurz vor Schluß mit frischer Butter nachbraten und würzen. Auf einem Papiertuch das Fett abtropfen lassen.

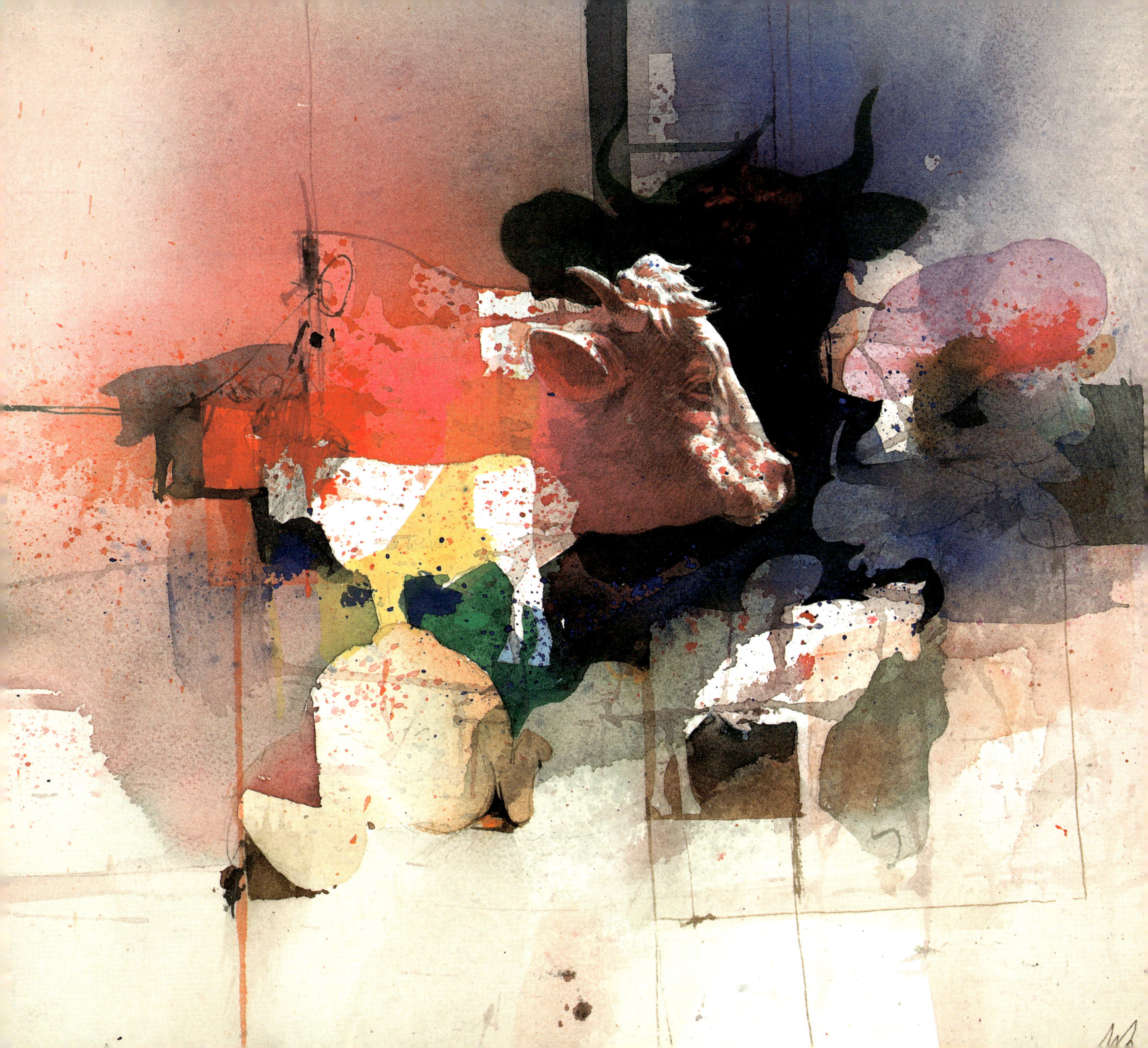

Romeo Hofer

Steinpilz-Lasagne mit Parmesan

Nudelteig:
150 g Dunstmehl, 50 g Hartweizengriess
2 Eier, 1 TL Olivenöl, Prise Salz

Gratinmasse:
1 Eigelb, 4 cl Sahne
1 El. geriebenes entrindetes Weissbrot
30 g frisch geriebenen Parmesan
Eigelb mit Sahne und Weissbrot vermengen, mit Salz und Muskat abschmecken.

Steinpilze in Rahm:
400 g Steinpilze in Scheibchen geschnitten
1 Schalotte in kleine Würfel geschnitten
2 cl Steinpilzöl
Msp Knoblauchpüree
20 g Butter, 1/2 l Sahne
4 El. geschlagene Sahne
Spritzer Zitronensaft
Prise Muskatblüte, Salz und Pfeffer aus der Mühle
etwas Mehlbutter zum Anbinden
Kerbelsträußchen zum Garnieren
2 El. geschnittenen Schnittlauch

Dunstmehl und Hartweizengrieß vermengen, Prise Salz dazugeben, Eier mit Stabmixer verquirlen, zu der Mehlmischung geben, verrühren und Olivenöl beigeben. Teig zubereiten und abgedeckt 20 Min. kühl stellen. Danach den Teig dünn ausrollen und Teigplatten ausstechen (ca. 8 cm Durchmesser - Suppenteller).

Schalottenwürfel in Steinpilzöl anschwitzen, Steinpilzscheiben dazugeben, kurz ansautieren, mit der Sahne ablöschen, Salz und Gewürze beifügen, mit der Zitrone abspritzen, leicht einkochen lassen, Steinpilze mit Schaumkelle herausnehmen, Sahne einkochen lassen und mit Butter aufmontieren, mit Mehlbutter binden, und abschmecken. Dann die Steinpilze wieder dazugeben und geschlagene Sahne unterheben, mit Schnittlauch bestreuen.

Aus den Steinpilzabschnitten läßt sich hervorragend Steinpilzöl herstellen. Die Steinpilze in geschmacksneutralem Öl anschwitzen. Messerspitze zerdrückten Knoblauch dazugeben, mit 1/4 l Öl aufgießen und 4-5 Min. bei ca. 160°C garen lassen und durch ein Tuch passieren. 1 Msp. Meersalz zugeben.

Suppenteller mit Teigplatte belegen, Steinpilze darauf verteilen, die nächste Teigplatte darauf legen, wieder Steinpilze darauf geben, mit Teigplatte beliebig wiederholen.

Die oberste Teigplatte mit der Gratinmasse bestreichen und mit dem geriebenen Parmesan bestreuen und bei Oberhitze im Salamander goldbraun überbacken, mit Kerbelsträußchen garnieren und servieren.

Weinempfehlung:
1996 Bourgogne Chardonnay
Domaine du Corps de Garde, Burgund

Restaurant St. Magnus
im Alpenhotel Krone
Tiroler Str. 29
87459 Pfronten
Tel. 08363/6076

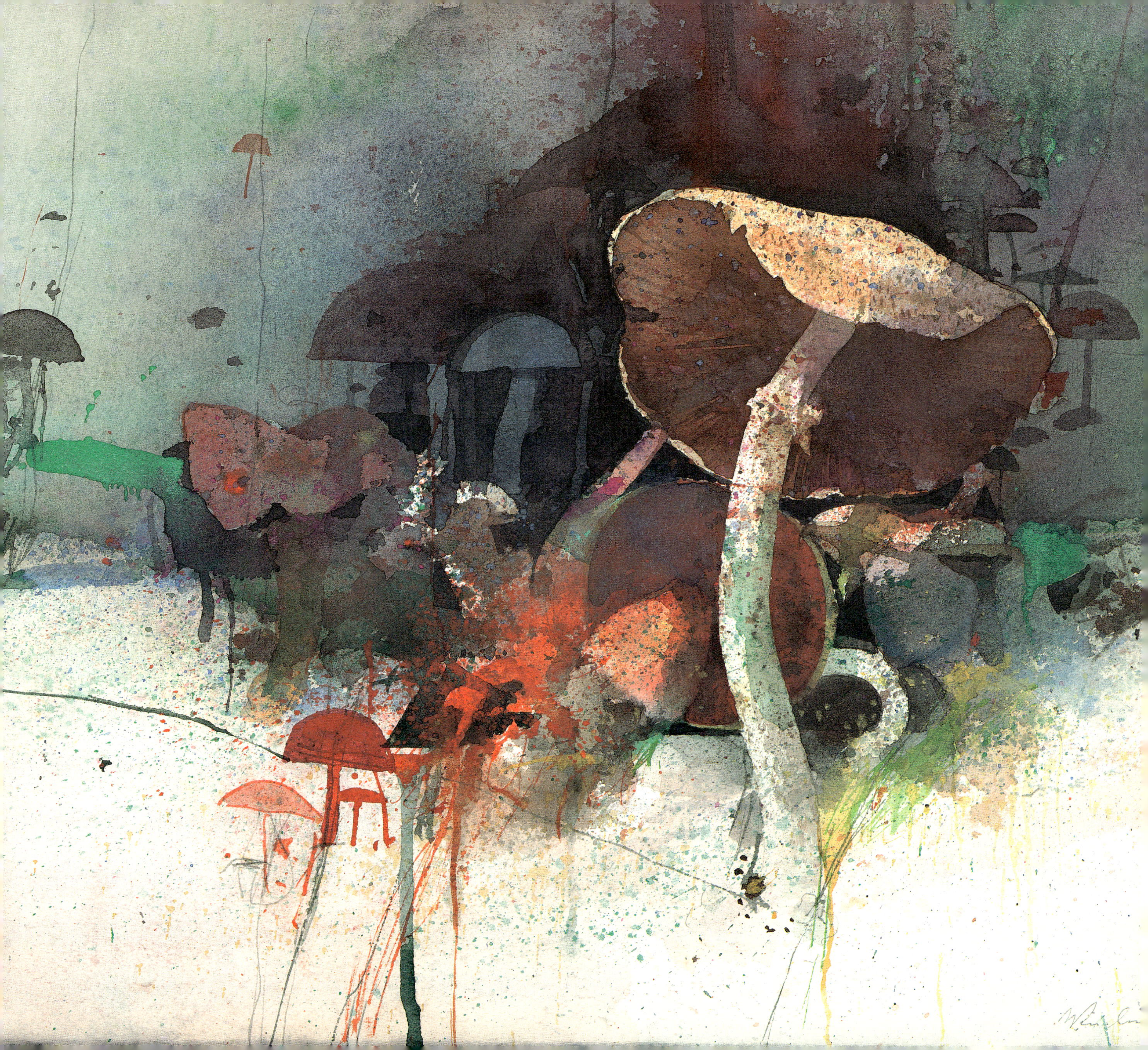

ARMIN KARRER

Haferflockensoufflé mit Bananen und Aprikosenkompott

SOUFFLÉ:
200 ML MILCH
1/4 STANGE VANILLE
2 EL. MILCH
2 EIGELB
10 G PUDDINGPULVER
70 G HAFERFLOCKEN
1 EL. GERIEBENE SCHOKOLADE
30 G BANANEN IN WÜRFEL GESCHNITTEN
5 G RUM
6 FÖRMCHEN 7 CM DURCHMESSER
2 EIWEISS
30 G ZUCKER
1 PRISE SALZ

APRIKOSENKOMPOTT:
200 ML WASSER
200 ML ORANGENSAFT
80 G ZUCKER
1/4 VANILLESTANGE
10 KLEINE APRIKOSEN
KRISTALLZUCKER JE NACH SÜSSE VON APRIKOSEN

WEINEMPFEHLUNG:
1996 MOSCATO D`ASTI
FRATELLI BARALE, PIEMONT

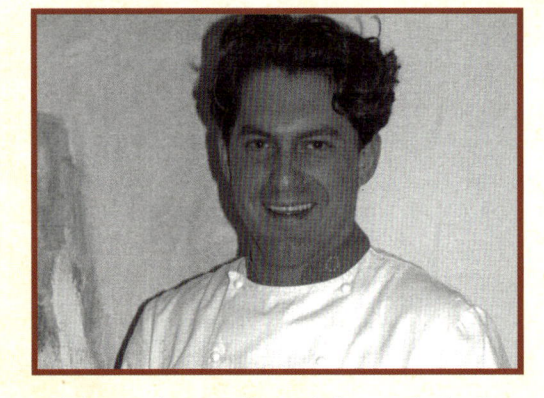

Milch mit der Vanille und den Haferflocken aufkochen und dann 30 Min. ziehen lassen. Danach die Haferflocken nochmals aufkochen und mit einem Kochlöffel die Eigelb-Pudding-Mischung (bestehend aus Eigelb, Puddingpulver u. 2 El. Milch) unterrühren. Den Topf dann vom Herd nehmen und auskühlen lassen.

Bananen in Würfel schneiden und Schokolade in feine Späne raspeln. Eiweiß und Zucker zu Schnee schlagen und beide Gemenge untereinander vorsichtig mischen. Ausgebutterte und gezuckerte Förmchen mit der Masse 3/4 hoch füllen und in ein Wasserbad setzen. Alles in den vorgeheizten Ofen stellen und bei 200°C 20 Minuten backen.

Aprikosen waschen und ca. 5-10 Sekunden unter heißes Wasser tauchen, so daß die Haut abgezogen werden kann. Aprikosen halbieren und Kerne entfernen. Aprikosen in Kristallzucker wälzen. Teflonpfanne auf die Herdplatte stellen und Aprikosen darin goldgelb braten, bis sie karamelisiert sind. Aprikose auf einen Teller beiseite schieben und Rest mit Orangensaft ablöschen und alles sirupartig einkochen lassen. Frisch gepreßten Orangensaft immer passieren, da Fruchtfleisch beim Aufkochen bitter wird. Wasser, Zucker und Vanillestange in die Pfanne geben, Aprikosen dazugeben und alles langsam vor sich hinköcheln lassen, bis die Aprikosen weich sind. Aprikosenkompott kann mit Aprikosenlikör verfeinert werden.

Kompott auf 4 Teller verteilen und Soufflé daraufstürzen. Eventuell mit Puderzucker bestreuen. Eiscreme kann auch dazu serviert werden.

RESTAURANT DIE ULRICHSHÖHE
HERZOG-ULRICH-STR. 24
72622 NÜRTINGEN
TEL. 07022/52336

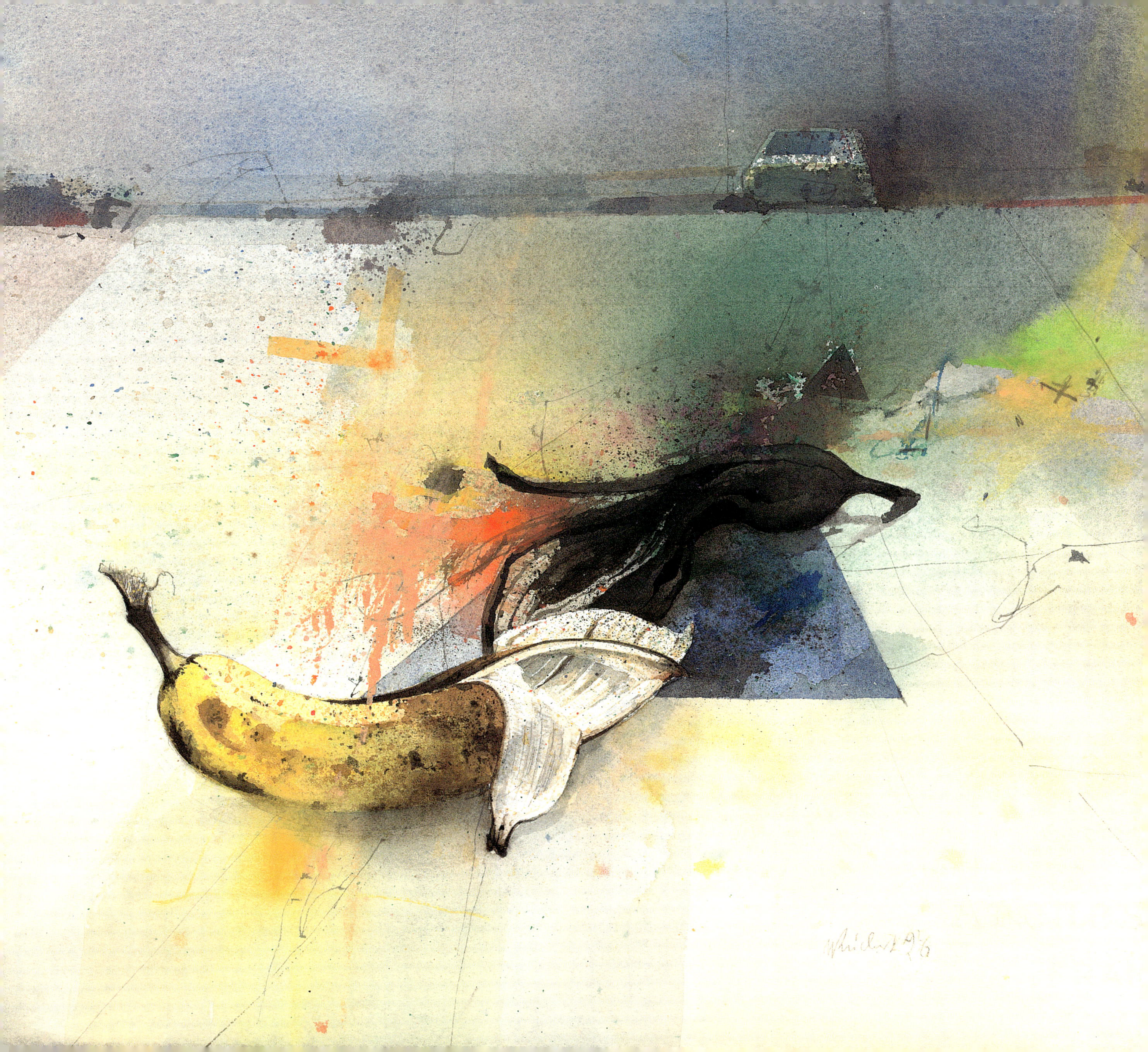

Horst Feiler

Maultaschen mit Wildkräutern

Für den Teig:
350 g Mehl
6 Eigelb, 1 ganzes Ei
50 ml Wasser
2 El. Öl, Salz

Für die Füllung:
3 altbackene Brötchen
etwas Milch
250 g gemischte Wildkräuter:
Brennessel, Brunnenkresse, Knoblauchrauke, Bachbunge, Bärlauch, Sauerampfer, schmalblättriges Weidenröschen
250 g Blattspinat
3 Eier
1 Zwiebel
Salz, Pfeffer, Muskat
1 l Fleisch- oder Gemüsebrühe
Butter

Mehl in eine Schlüssel sieben, in die Mitte eine Mulde drücken. Eigelb, Ei, Wasser und Öl hineingeben. Eine Prise Salz über den Mehlrand streuen. Von der Mitte aus alles mischen und den Teig mindestens 1 bis 2 Stunden im Kühlschrank ruhen lassen. Unterdessen die Brötchen in Milch einweichen, Kräuter und Spinat waschen, durch den Fleischwolf drehen und durch ein Tuch pressen. Die Brötchen ausdrücken, mit der Kräuter-Spinat-Masse und den Eiern vermischen und abschmecken. Den gekühlten Teig dünn ausrollen, rechteckig ausschneiden, die Füllung daraufgeben. Teigrand mit Wasser bestreichen, zusammenklappen und fest, am Besten mit einer Gabel, andrücken. Brühe zum Kochen bringen, Maultaschen hineingeben und 10 bis 15 Minuten darin ziehen lassen. Maultaschen mit feingehackter in Butter geschwenkter Zwiebel anrichten.

Weinempfehlung:
1995 Chardonnay
Montevina, Kalifornien „Napa Valley

Restaurant Feiler
Oberer Markt 4
92346 Wiesenttal-Muggendorf
Tel. 09196/322

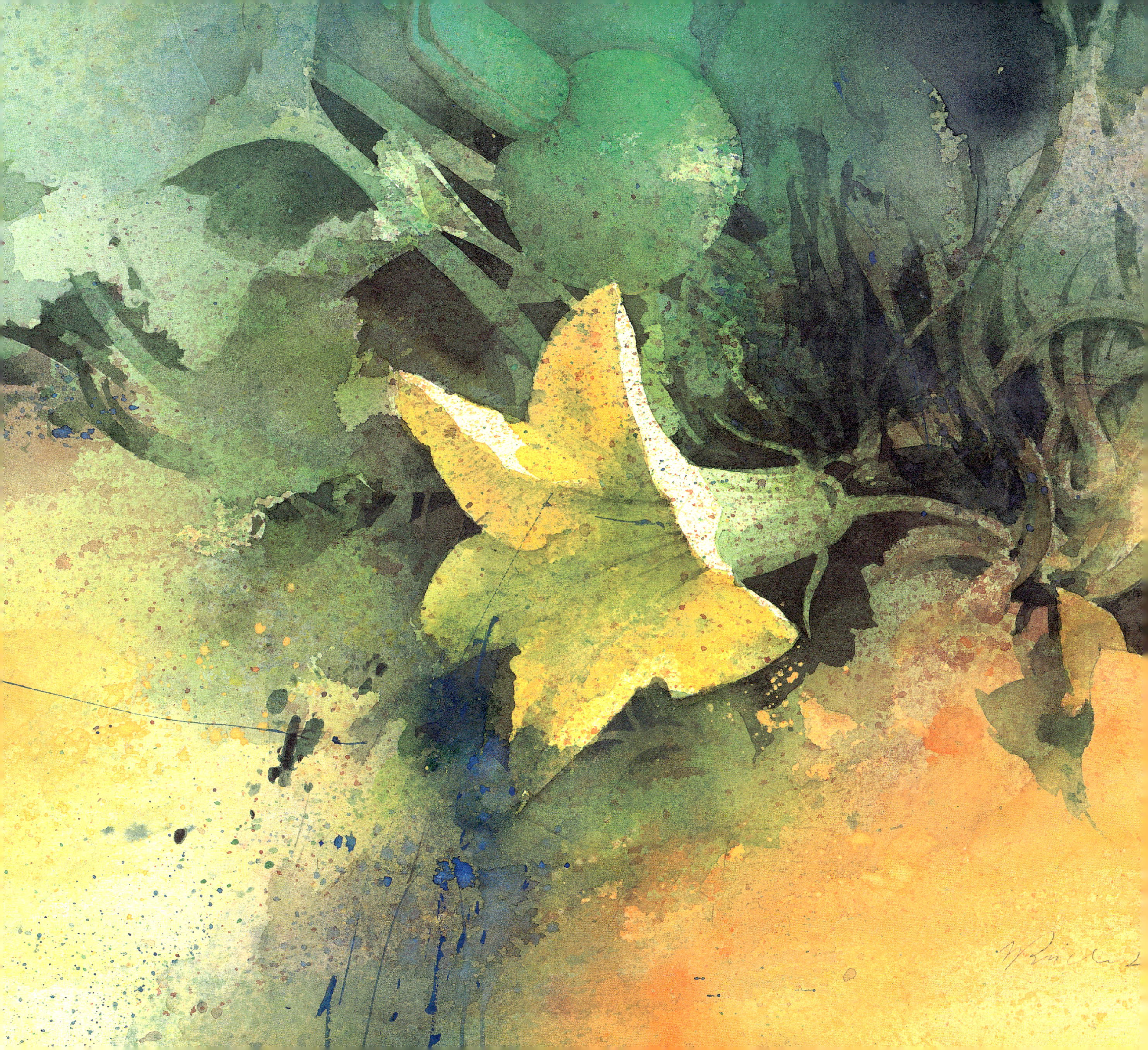

GEBHARD ENDL

Herzstück vom Donauwaller pochiert in Wurzelsud mit Meerrettich und Kräutern

1,2 KG WALLERHERZSTÜCK
(VON DER DICKSTEN STELLE QUER ZUR MITTELGRÄTE GESCHNITTEN)

WURZELGEMÜSE:
1 ZWIEBEL
2 KAROTTEN
1 STANGE LAUCH
1/4 STANGENSELLERIE
1/4 FENCHEL
40 G BUTTER
1/2 L WASSER
1/2 L TROCKENER RIESLINGWEIN

REDUKTION:
100 G PETERSILIENSTENGEL
30 G PFEFFERKÖRNER
2 KNOBLAUCHZEHEN
1 THYMIANZWEIG
1 KLEINES LORBEERBLATT
2 NELKEN

1 BUND PETERSILIE GEHACKT
1/2 STANGE MEERRETTICH GERIEBEN
500 G KLEINE KARTOFFELN
SALZ
KÜMMEL
40 G BUTTER

Den Waller quer zur Mittelgräte in vier gleichgroße Tranchen schneiden. Das angegebene Wurzelgemüse säubern, schälen bzw. putzen und in gleichmäßige Streifen schneiden. Diese in 40 g Butter in einen Topf, ohne Farbe nehmen zu lassen, andünsten und dann mit 1/2 l Wasser, 1/2 l Wein aufgießen, leicht salzen und 10 Minuten köcheln lassen.

Die Bestandteile der Reduktion knapp mit Wasser bedecken, 10 Minuten auskochen lassen und zum Wurzelsud passieren. Die kleinen Kartoffeln mit Salz und Kümmel weich kochen, schälen und in Butter mit leichter Farbe anbraten. Die Wallertranchen in den Wurzelsud geben und ca. 15 Minuten pochieren. Den fertigen Waller mit Wurzelgemüse und Sud auf Teller anrichten und mit der Petersilie und dem Meerrettich bestreuen und mit den Kartoffeln umlegen

WEINEMPFEHLUNG:
1996 RIESLING SMARAGD
„SPITZER SINGERRIEDEL"
FREIE WEINGÄRTNER WACHAU

RESTAURANT WILDER MANN
SCHMIEDGASSE 2
94032 PASSAU
TEL. 0851/35075

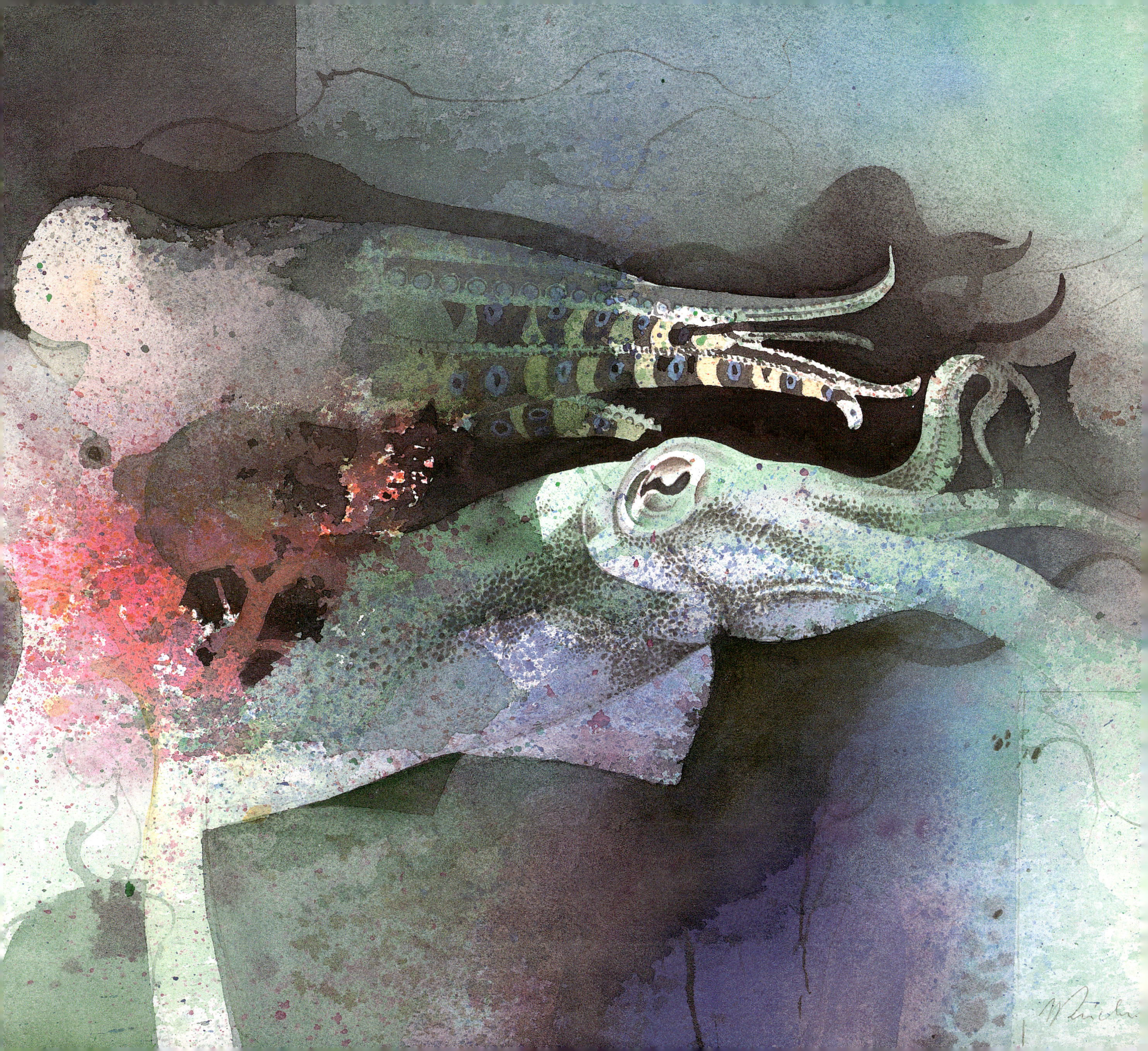

JEAN-CLAUDE BOURGUEIL

Kleiner Hummer in Kamillenblüten gedämpft

1 HUMMER
FISCHFOND
KAMILLENBLÜTEN
SALZ
PFEFFER
ESSIG

WEINEMPFEHLUNG:
1994 CHARDONNAY STARMONT
MERRYVALE, KALIFORNIEN „ NAPA VALLEY

Essig abschmecken und über den angerichteten Hummer nappieren.

RESTAURANT IM SCHIFFCHEN
KAISERSWERTHER MARKT 9
40489 DÜSSELDORF
TEL. 0211/401050

Den Hummer in kochendem Salzwasser mit Kamillenblüten 3 - 4 Minuten kochen und aus der Schale brechen.

Ca. 1 DzLtr. Fischfond aufkochen und mit etwa 10 g getrockneter Kamillenblüten wie einen Tee ziehen lassen. Anschließend mit Butter zu einer sämigen Soße aufmontieren. Mit Salz, Pfeffer und einem Spritzer

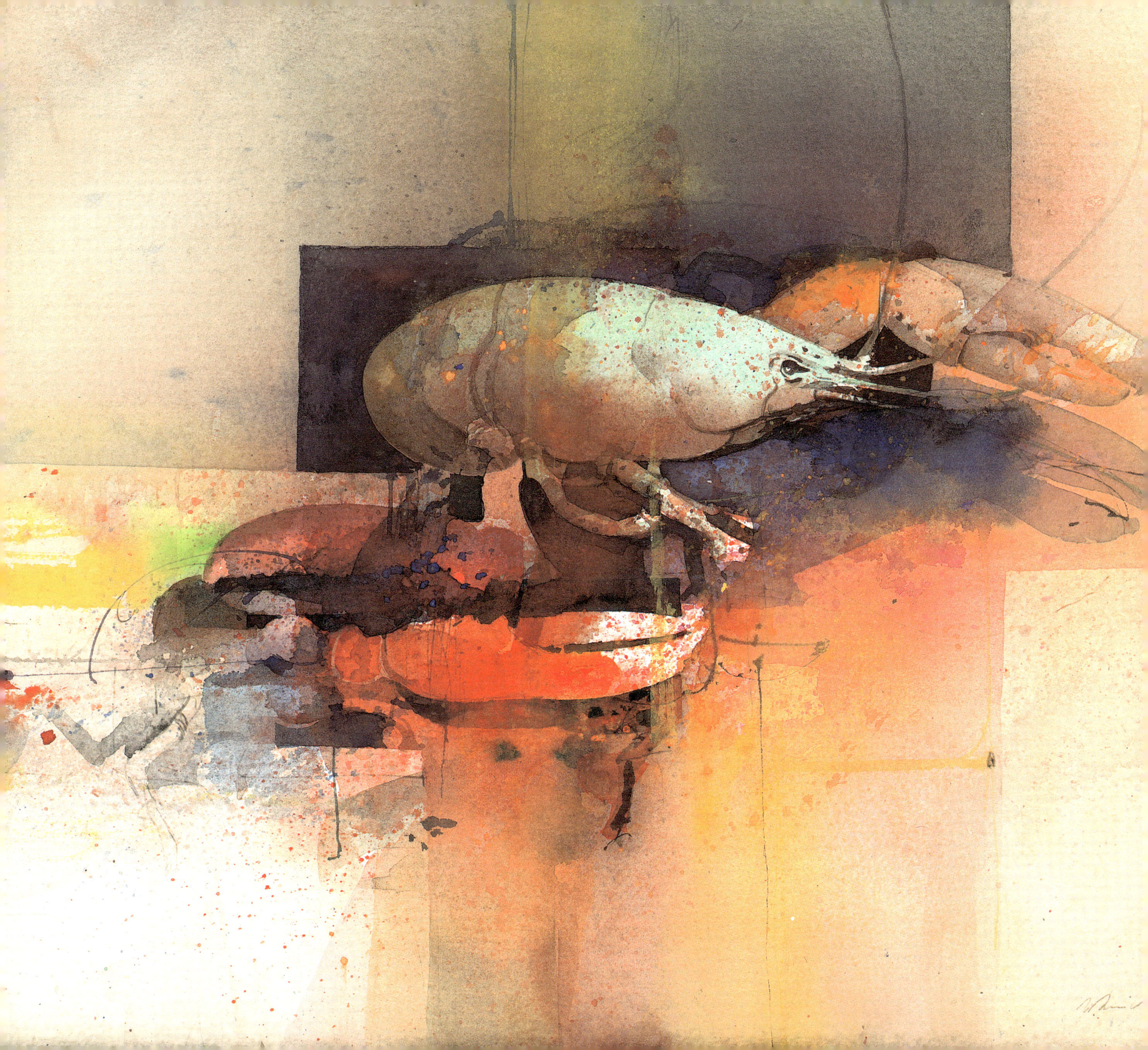

Hermann Anfang

Perlhuhn mit Rehfilet gefüllt im Blätterteigmantel

1 Perlhuhn ca. 1,5 kg
Salz
Pfeffer
Thymian
400 g Rehfilet
400 g Blätterteig
8 mittelgrosse helle Wirsingblätter
Ei zum Bestreichen

Sauce:
1 EL. Pflanzenfett
Knochen und Abschnitte vom Huhn
1 mittelgrosse Zwiebel
1 kleine Karotte
100 g Petersilienwurzel
1 Tl Tomatenmark
1/2 l Rotwein
3/8 l Bouillon
1 Nelke

Perlhuhn kalt waschen, auslösen und vierteln. Das Zuviel an Fett und Haut abschneiden, mit Salz und Pfeffer und etwas Thymian würzen.

Das Rehfilet, pro Person 100 g, auf die Perlhuhnteile setzen, mit Petersilie bestreuen. Den Blätterteig in vier Teile 25 x 25 cm ausrollen, die Ränder mit Ei bestreichen. Die Kohlblätter in Salzwasser blanchieren, gut abtropfen lassen. Je ein Kohlblatt auf die Teigteile legen, das zusammengerollte Perlhuhn daraufsetzen, mit dem zweiten Kohlblatt abdecken, den Teig daraufschlagen, mit Ei bestreichen und eventuell mit Sesam bestreuen. Bei 200 bis 210 Grad 20 Minuten backen.

Sauce:

Die zerhackten Knochen sowie die Haut- und Fettabschnitte in Fett gut braun anrösten, dann Zwiebel, Karotten und Petersilienwurzel, alles klein geschnitten, dazugeben und kurz mitrösten, bis die Zwiebel Farbe bekommt, das Tomatenmark unterrühren und mit dem Rotwein und der Bouillon aufgießen.

Mit Rosmarin, Nelke, Lorbeerblatt, Salz und Pfeffer würzen. So lange köcheln lassen, bis die Flüssigkeit auf die Hälfte reduziert ist. Das Gemüse durch das Sieb drücken und mit einem Spritzer Portwein verfeinern.

Weinempfehlung:
1994 Pinot Nero „Valdicapraia"
Avignonesi, Montepulciano „ Toskana

Restaurant Kirchberg-Schlößl
Thumseestr. 11
83435 Bad Reichenhall
Tel. 08651/2760

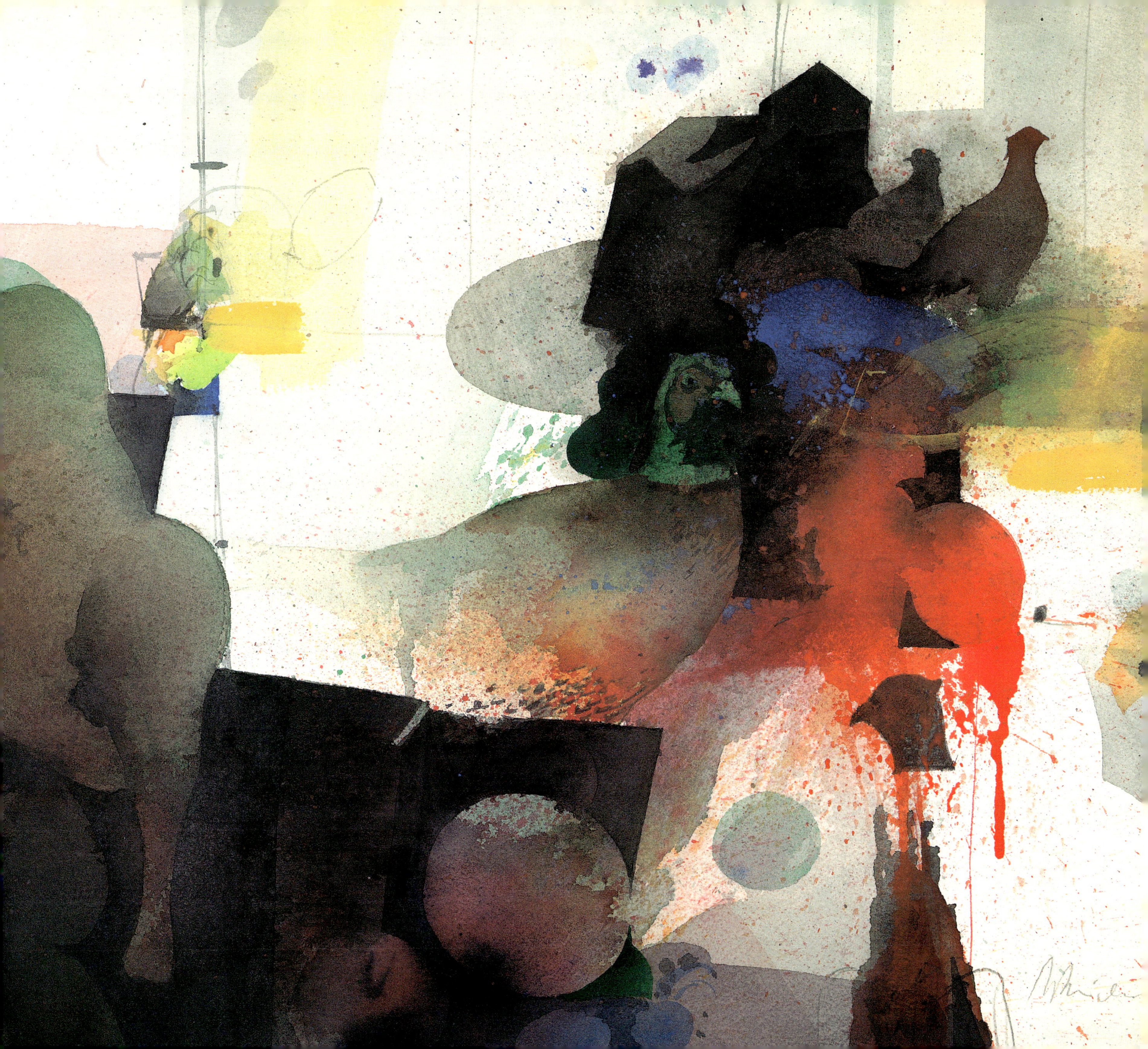

Karl Ederer

Blutwurstravioli mit Bierzwieberl

16 kleine Zwieberl
20 g Butter
0,2 l dunkles Bier

Farce:
200 g Blutwurst
1 Schalotte
1/2 Boskop Apfel
20 g Butter
100 g Geflügelleber
1 EL. gehackte Petersilie

Nudelteig:
250 g Mehl
4 Eigelb
1 Ei
2 EL. Öl
1 EL. Wasser
Salz

Zwieberl in Butter anschwitzen, mit dem dunklen Bier aufgießen und langsam einreduzieren, bis keine Flüssigkeit mehr vorhanden ist.

Sauce:

8 EL Kalbsfond mit wenig Rotwein- oder Bieressig durchkochen und mit Salz und Pfeffer würzen.

Boskop und Schalotte klein schneiden und in Butter anschwitzen, erkalten lassen. Die Geflügelleber entnerven, die Blutwurst in Würfel schneiden, Petersilie hacken.

Alle Zutaten für die Farce in der Küchenmaschine fein pürieren, mit Salz und Pfeffer würzen, dann 15 Min. kalt stellen.

Für den Nudelteig Ei und Eigelb schaumig rühren, Öl, Salz, Mehl und Wasser zugeben und alles gut vermischen, bis ein fester, glatter und geschmeidiger Teig entsteht; ca. 2 Std. ruhen lassen.

Dann den Nudelteig sehr dünn ausrollen. Den Teig mit kleinen Portionen der Farce belegen, mit Eigelb umstreichen, mit Teig belegen, gut andrücken und die Teigtaschen ausschneiden. In reichlich Salzwasser 1 1/2 Min. kochen, gut abtropfen lassen, kurz in schäumende Butter legen und anrichten. Mit den Zwieberln garnieren und mit der Sauce nappieren.

Weinempfehlung:
1996 Morillon "Steierische Linie"
Skringer, Südsteiermark

Gasthaus Glockenbach
Kapuzinerstraße 29
80337 München
Tel. 089/534043

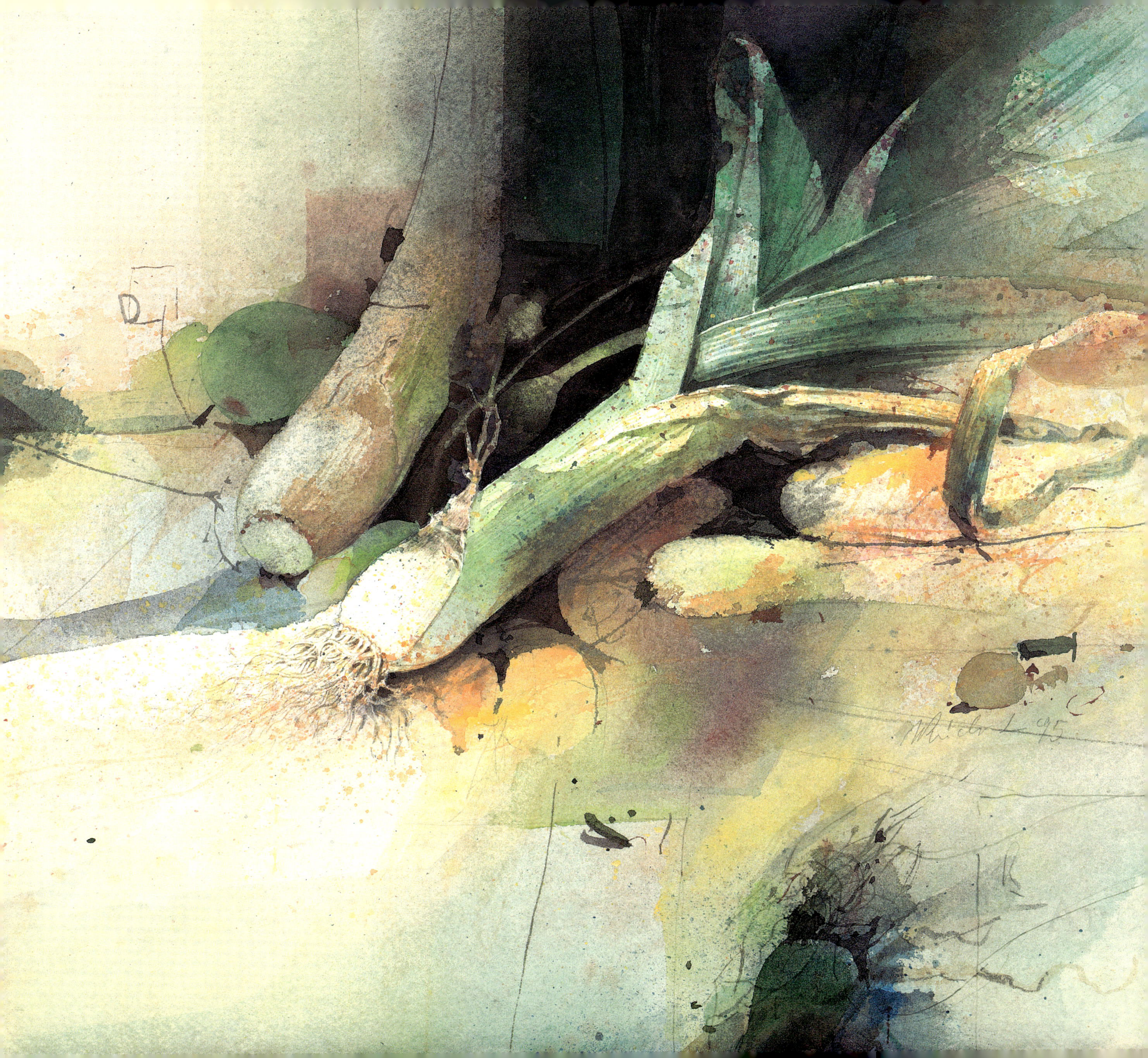

HERMANN LAUDENSACK

Kopfsalat mit Räucherforellen-Bärlauch-Mousseline und Gurkenwürfeln

1 RÄUCHERFORELLENFILET
100 G SÜSSE SAHNE
2 BLATT GELATINE
50 G NOILLY PRAT (VERMOUTH)
CA. 4 FEINE GEHACKTE BÄRLAUCHBLÄTTER
1 GESTRICHENER MOKKALÖFFEL SALZ
SAFT VON EINER 1/4 ZITRONE
100 G GESCHLAGENE SAHNE
20 G BUTTER
ETWAS ZITRONE ZUM BRATEN

1 KOPFSALAT
1/2 SALATGURKE
4 EL. KEIMÖL
SAFT VON 1/2 ZITRONE
SALZ
1 PRISE PFEFFER
NACH GESCHMACK 1 PRISE ZUCKER

Räucherforellenfilets in je 4 Stücke schneiden und in der Butter und der Zitrone braten.

Forellenfilet in feinste Würfelchen schneiden, mit der Sahne, dem Estragon, Salz kurz aufkochen, Zitronensaft zugeben und mit dem Pürierstab fein pürieren. Gelatine in kaltem Wasser einweichen, ausdrücken und mit Vermouth kurz erhitzen, bis sie sich aufgelöst hat. Diese Lösung unter die Forellenmasse rühren und das Ganze in den Kühlschrank stellen. Wenn die Masse zu stocken beginnt, 100 g steifgeschlagene Sahne mit einem Schneebesen schnell unterrühren. In vier Kaffeetassen füllen und im Kühlschrank durchkühlen lassen.

Salat putzen, waschen und ausschleudern. Gurke schälen und in 5 mm Würfel scheiden. Aus den restlichen Zutaten eine Salatsoße rühren und mit der Hälfte die Gurkenwürfel marinieren.

WEINEMPFEHLUNG:
1996 RIESLING „PLATIN"
WEINGUT SONNHOF-JURTSCHITSCH,
KAMPTAL

LAUDENSACKS PARKHOTEL
KURHAUSSTRAßE 28
97688 BAD KISSINGEN
TEL. 0971/1224

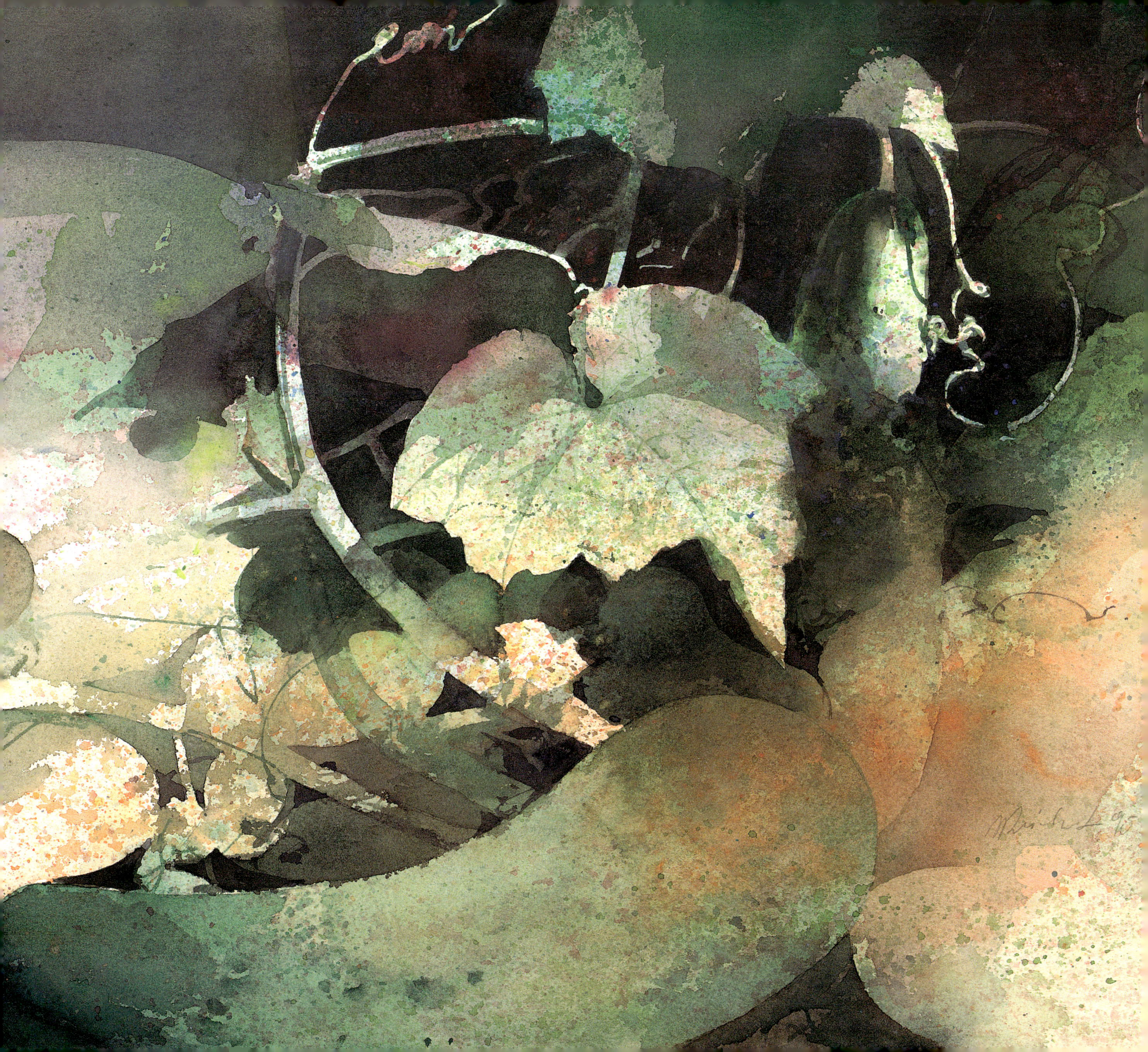

Lothar Eiermann

Steinbuttschnitte am Knochen gebraten mit einem Pot au feu von Gemüsen

STEINBUTT:
1,2 KG STEINBUTT MIT HAUT UND KNOCHEN
125 G GEKLÄRTE BUTTER
100 G FRISCHE BUTTER
SALZ, PFEFFER
THYMIANSTENGEL
MEHL
ZITRONENSAFT

POT AU FEU:
1/2 STAUDENSELLERIE
1 BUND KAROTTEN MIT GRÜN
1/2 BUND WEISSE RÜBCHEN
3 STANGEN SCHWARZWURZELN
1 1/2 BUND ZWIEBELLAUCH
150 G CHAMPIGNON ROSA
50 G PERLZWIEBELN
1 KRÄUTERSTRAUSS (PETERSILIE, KERBEL, DILL, ESTRAGON, FENCHELKRAUT)
1/8 L PAPRIKASAFT
1/8 L GEMÜSEBRÜHE
SALZ, PFEFFER, MUSKAT, OLIVENÖL, MONDAMIN

Steinbuttstück säubern und die Flossenspitzen abschneiden. Die schwarze Hautseite soll unbeschädigt erhalten bleiben, man kann sie auch essen. Das Steinbuttstück mit Haut und Knochen in 250 g Steaks schneiden. Diese werden auf einem Tuch trocken gelegt. Vor dem Zubereiten würzen, mit Mehl bestäuben und in geklärter Butter von beiden Seiten goldgelb braten. Dann auf eine Platte legen und an warmer Stelle ruhen lassen. Bratfett abgießen und im Bratensatz frische Butter zur Nußbutter bräunen, Zitronensaft zugeben und über die Steinbuttschnitten nappieren.

Aus Gemüseresten, Kräuterstengel und guter Hühnerbrühe kocht man eine starke Gemüsebrühe.

Alle Gemüsearten werden gewaschen, geputzt und ordentlich zugeschnitten. Dasselbe geschieht mit den Kräutern. Die verschiedenen Gemüse je nach Art, Größe, und Alter in der Weise nacheinander in den heißen Brühtopf geben, daß alle zur gleichen Zeit den Garpunkt erreichen. (Zuerst die Schwarzwurzeln, dann weiße Rübchen, Staudensellerie, Perlzwiebeln, Karotten und Champignons). Gemüsetopf auf ein Sieb geben und Brühe auffangen. Den Gemüsesud mit Paprikasaft verfeinern, abschäumen und gegebenenfalls mit etwas Kartoffelstärke binden.

Zum Schluß Olivenöl montieren und alle Gemüse sowie Kräuter zugeben. Pot au feu und ganze Steinbuttschnitte auf Teller servieren.

WEINEMPFEHLUNG:
1995 LANGENLOISER SPIEGEL
BRÜNDLMAYER, KAMPTAL

WALD- UND SCHLOßHOTEL
FRIEDRICHSRUHE
74639 ZWEIFLINGEN/ÖHRINGEN
TEL. 07941/608

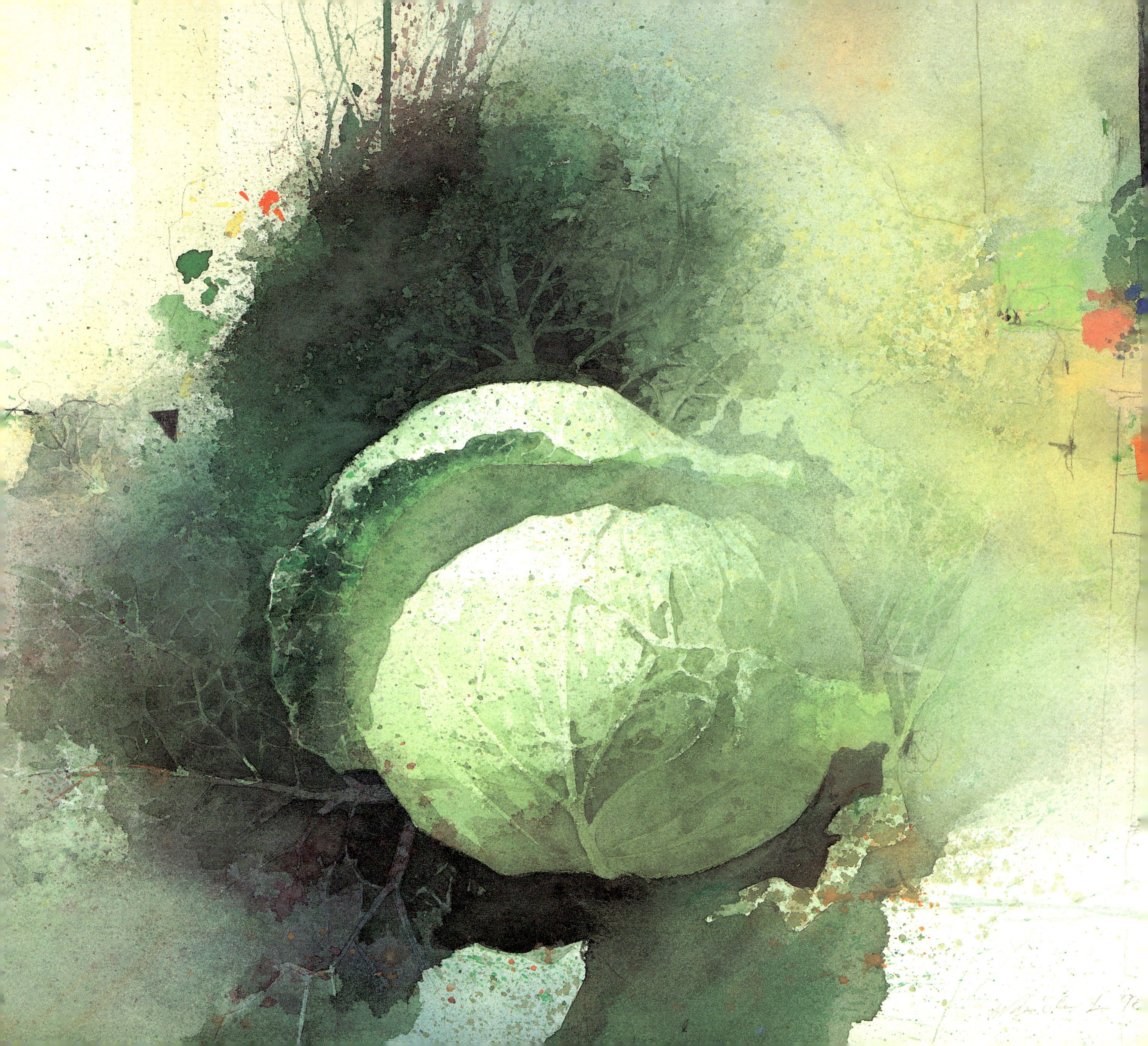

Jürgen Scharnagl

Kaninchenkeule im Bändle mit Trüffel und Steckrüben

4 Kaninchenkeulen
250 g geräucherter Bauchspeck
1 Karotte
1/4 Knollensellerie
3 Schalotten
1/2 EL. Tomatenmark
1 Zweig Thymian, 1 Lorbeerblatt,
Basilikum, Korianderkörner
1/2 l Rotwein
1 Steckrübe
100 g Entenschmalz
(oder Schweineschmalz)
Petersilie, Salz, Pfeffer, 30 g Trüffel

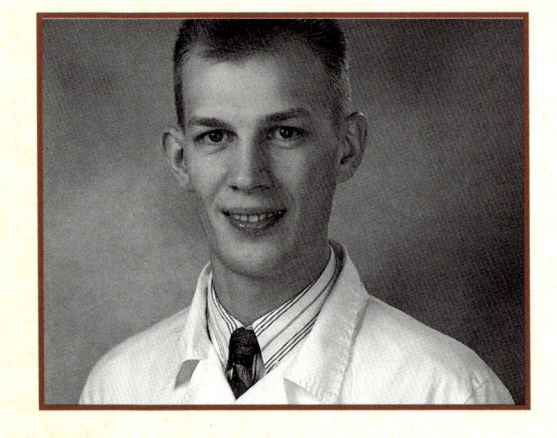

Die Kaninchenkeulen hohl auslösen.

Die Kaninchenkarkassen (Knochen) klein hacken; mit der geschälten und kleingeschnittenen Karotte, Schalotten und Sellerie anbraten, tomatisieren, mit Rotwein ablöschen, Gewürze dazugeben, Brühe (oder Wasser) angießen und eine Sauce ziehen, passieren und abschmecken.

Bauchspeck in Scheiben schneiden und die Scheiben zu einer ca. 16 x 16 cm Platte legen und mit gehacktem Thymian bestreuen.

Kaninchenkeulen mit Salz und Pfeffer würzen und auf die Platte legen, im Speck einschlagen. Pfanne erhitzen, etwas Öl zugeben, die Kaninchenkeulen darin plazieren, Butterflöckchen darauf setzen und für ca. 25 Minuten bei ca. 190° C. in die Röhre schieben.

Steckrüben schälen, in dünne Rauten schneiden, im Entenschmalz ansautieren, würzen, etwas gehackte Petersilie dazugeben.

Die Kaninchenkeulen tranchieren und auf den Steckrüben anrichten; Trüffel darüber hobeln, mit der Sauce nappieren.

Dazu passen sehr gut Kartoffelgnocchi.

Weinempfehlung: Grüner Veltliner
„Kremser Alte Reben"
Nigl, Kremstal

Restaurant Schwarzer Adler
Kraftshofer Hauptstr. 166
90427 Nürnberg
Tel. 0911/305858

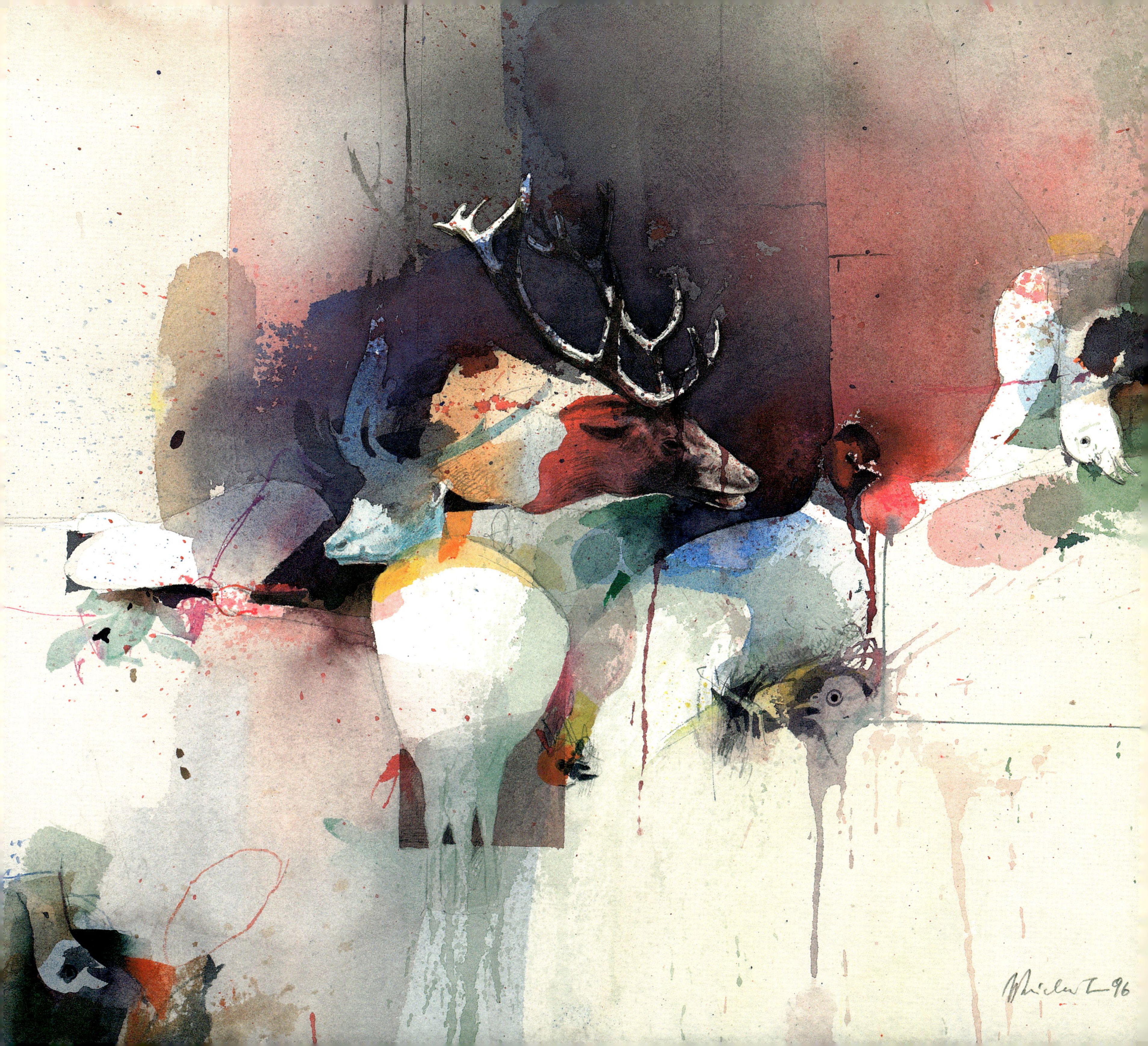

Ulrich Schaller

Traubenkotelette auf Portwein-Trüffeljus

*2 grosse, frische Tauben
mindestens 500 gr. schwer
120 gr. gewürzte und in Scheiben
geschnittene Stopfleber
20 gr. Trüffel in Scheiben
150 gr. Geflügelfarce
4 Stück gut gewässertes Schweinenetz*

*1/4 l gute, braune Geflügeljus
1/4 l Portwein
2 EL. gehackte Trüffel
2 EL. Salzbutter
Salz, Pfeffer
Saft einer 1/2 Zitrone
Buntes Buttergemüse der Saison*

Die Tauben halbieren und bis auf den letzten Schenkelknocken auslösen. Mit Salz und Pfeffer innen und außen würzen.

Die Hälfte der Geflügelfarce aufstreichen, die Stopfleber und Trüffelscheiben darauflegen und mit dem Rest der Farce abdecken. Die Taubenhälften einschlagen, in das Schweinenetz legen und zu einem Kotelette mit freistehendem Knochen formen.

In Öl anbraten und im Ofen bei ca. 160 Grad 8 Minuten rosé garen, dann mindestens 10 Minuten zugedeckt ruhen lassen.

In der Zwischenzeit die Geflügeljus mit dem Portwein und den gehackten Trüffeln bis zur Hälfte einkochen, mit der Butter und dem Zitronensaft abschmecken.

Die Trüffel-Portweinjus als Spiegel auf die Teller gießen, die Koteletten zweimal durchschneiden, den Koteletteknochen umdrehen, damit er nach oben wegsteht. Die vier Koteletten auf den Tellern verteilen, den Knochen mit Papiermanschette bestecken und das Kotelette mit Buttergemüse der Saison umlegen

Dazu passen als Beilage gut „Kartoffelplätzchen".

*Weinempfehlung:
1995 Chateau Moulin Haut-Laroque,
Fronsac*

*Restaurant Schaller
Ketschendorfer Str. 22
96450 Coburg
Tel. 09561/25074*

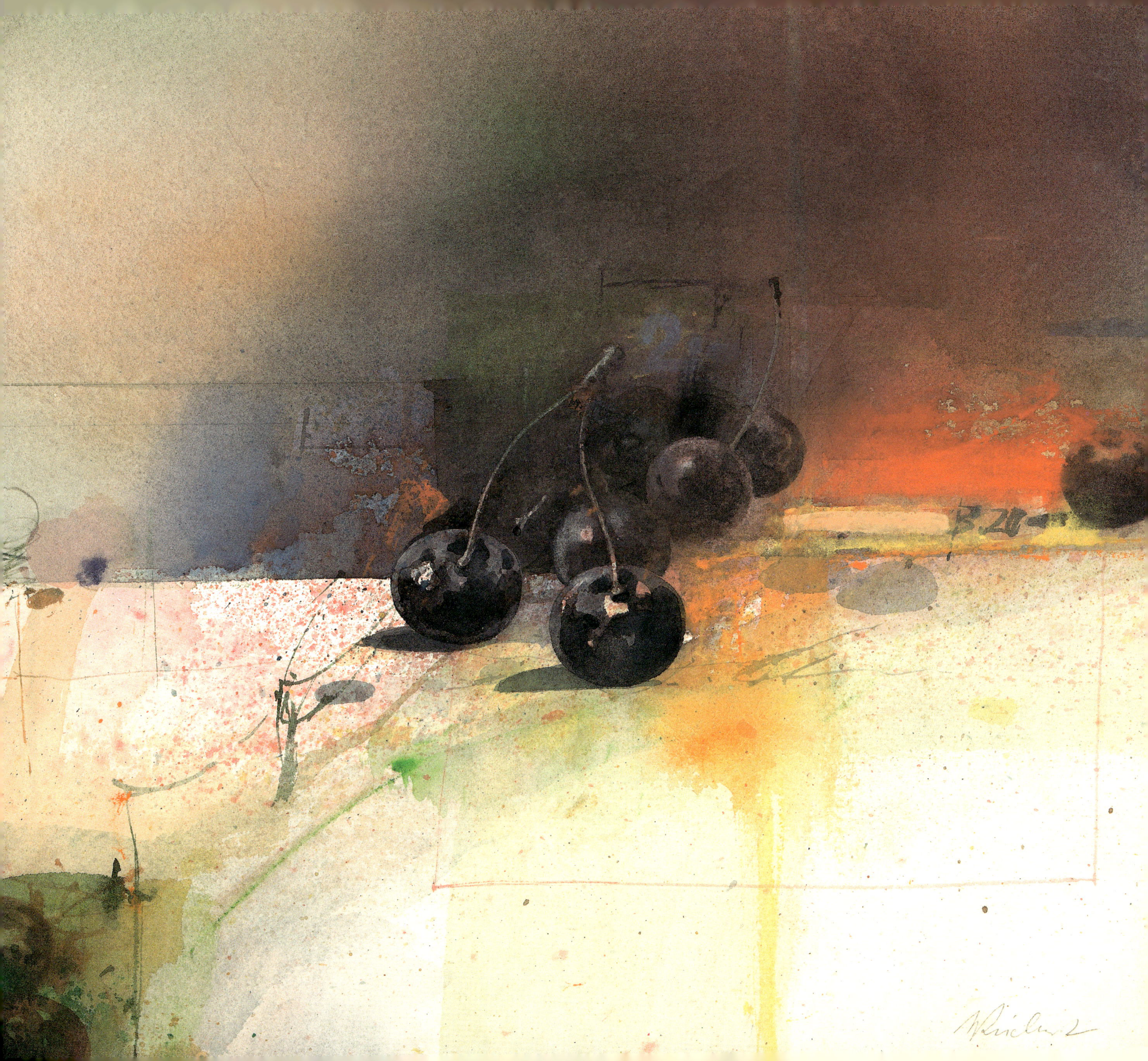

JÖRG SCHMITZ

"Vitello tonnato" vom Spanferkel und geräuchertem Saibling

1,5 KG POCHIERTER SPANFERKELRÜCKEN
DAFÜR FOLGENDEN SUD HERSTELLEN:
2 L WASSER
2 ZWIEBELN
1 KNOBLAUCHZEHE
1 BUND PETERSILIE
LORBEER
NELKE
WACHOLDER
PFEFFERKÖRNER
SALZ

SAIBLINGSAUCE:
1/8 LITER OLIVENÖL
1 EIGELB
100 G GERÄUCHERTER SAIBLING
4 KL. ANCHOVISFILETS
(10 MINUTEN WÄSSERN)
2 EL. ZITRONENSAFT
4 CL SÜSSE SAHNE
4 CL ABGEKÜHLTER FLEISCHFOND
(VOM SPANFERKEL)
3 EL. KAPERN (GEWÄSSERT)
SALZ
PFEFFER

Spanferkel ca. 45 Minuten pochieren, abkühlen lassen, aufschneiden;

Mit der Sailblingsauce, Kapern und einem Salatstrauß garnieren.

Saiblingsauce:

alle Zutaten 10 Sekunden mixen und wie oben angegeben verwenden.

Rezept für ca. 8-9 Personen

WEINEMPFEHLUNG:
1996 PETIT CHABLIS
DOMAINE DU CHARDONNAY, BURGUND

RESTAURANT FORSTHAUS ILKAHÖHE
82324 TUTZING-OBERZEISMERING
TEL. 08158/8242

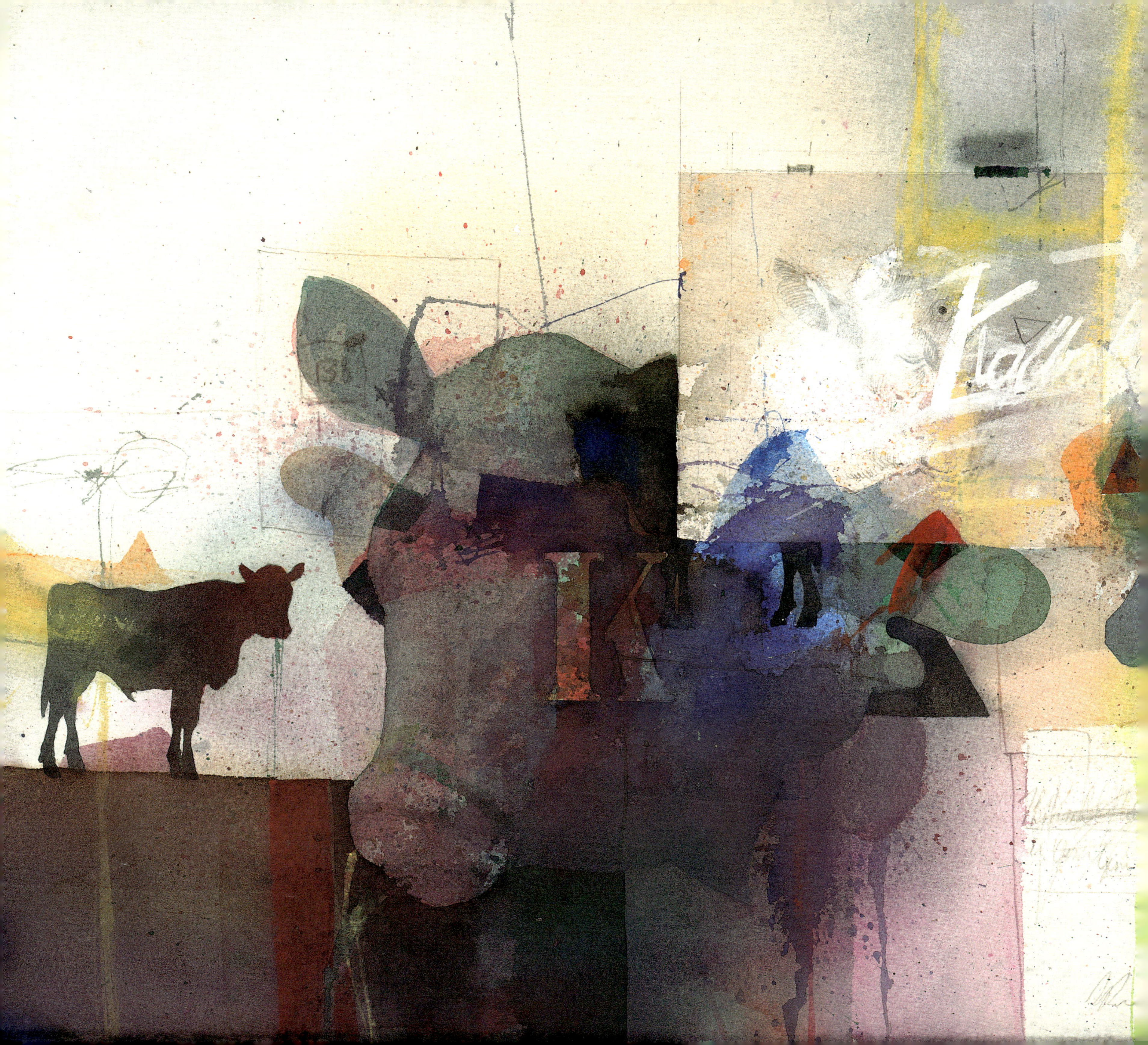

Cosimo Ruggiero

Apfel-Brotkuchen mit Vanillesauce

6-8 BOSKOP-ÄPFEL
CA. 50 GR. ZUCKER
CA. 12 TOASTBROTSCHEIBEN
PRISE ZIMT
30 GR. BUTTER

FÜR DIE SAUCE:
250 ML MILCH
250 ML SAHNE
2 VANILLESCHOTEN
50 GR. ZUCKER
3 EIGELB

Die Äpfel schälen, halbieren und in Scheiben schneiden. Danach die Ränder des Toastbrots entfernen und im Cutter zerkleinern. Ein Backblech einbuttern, mit dem einen Teil der bereits vorbereiteten Brotkrümel bestreuen, mit einigen Apfelscheiben belegen und mit Zucker, Zimt und Butterflocken bestreuen. Dieser Vorgang wird drei- bis viermal wiederholt.
Die letzte Schicht endet mit Brot, Zucker und Butter. Zum Schluß mit Alufolie bedecken und 1,5 Stunden im Ofen bei 120°C backen.

Danach die Milch, die Sahne und die halbierten Vanilleschoten zum Kochen bringen, gleichzeitig das Eigelb mit dem Zucker warm schlagen. Das Eigelb unter die heiße Masse rühren und nochmals zum Kochen bringen. Dann Vanillesauce in einem Eiswasserbad kalt schlagen.

Über den lauwarmen Apfel-Brotkuchen geben und servieren.

WEINEMPFEHLUNG:
1991 RE NOBILIS
GINI, VENETIEN

RESTAURANT LA VIGNA
WILHELM-DIESS-WEG 22
81927 MÜNCHEN
TEL. 089/931416

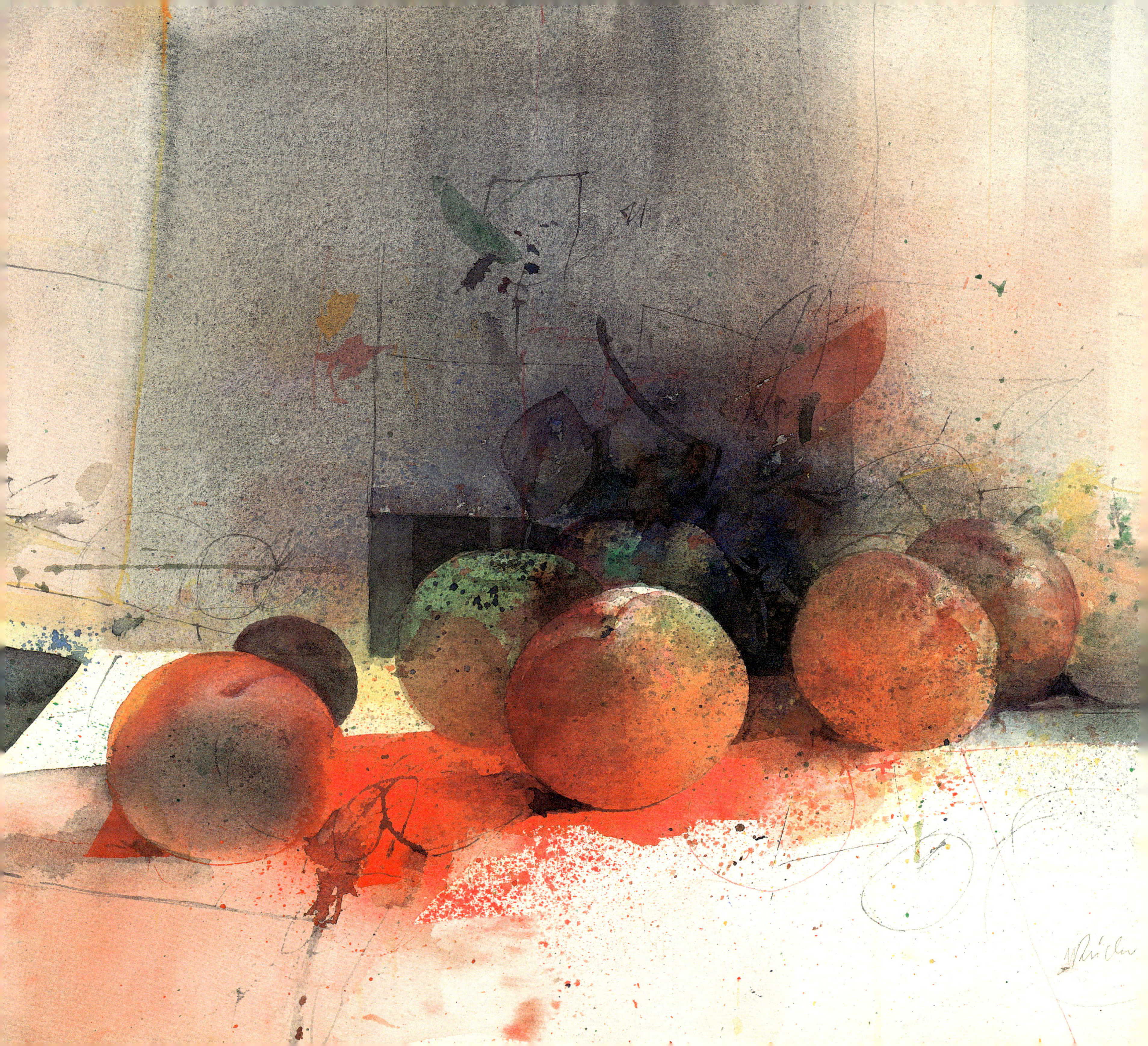

Joe Gasser

Racasse mit krosser Haut auf Barigoul-Gemüse

1 Racasse (Drachenkopf) ca. 1,5 kg
2 Knollen Fenchel
6 Bund Lauchzwiebel
8 Tomaten (italienische Eiertomate)
3 Stangen englischen Sellerie
4 kleine Kartoffeln (Nicola)
4 Artischocken
2 Knoblauchzehen
2 Bund Basilikum
frischer Estragon
frischer Thymian
2 Glas Champagner
1/2 l Olivenöl
Meersalz
Java-Pfeffer
Zucker (Rohrzucker)

Weinempfehlung:
1994 Vigna Regis
Vecchie Terre di Montefii, Toskana

Restaurant Massimiliano
Rablstraße 10
81669 München
Tel. 089/4484477

Artischocken, Fenchel, Sellerie und Lauchzwiebel putzen, waschen und in mundgerechte Stücke schneiden. Tomaten in heißem Wasser blanchieren und schälen. Die Tomaten vierteln und entkernen. Knoblauchzehen schälen und eine Zehe leicht andrücken. 2 El. Olivenöl in Kasserolle auf den Herd stellen, aber nicht überhitzen. Artischocken und Fenchel zugeben und leicht glasieren. Dann Sellerie, Lauchzwiebel, die angedrückte Knoblauchzehe und ein Thymianzweigchen zugeben und mitglasieren. Tomatenviertel mit einer Prise Rohrzucker zugeben, umrühren und mit Champagner ablöschen. (Durch den Champagner und die Tomaten entwickelt sich ein Fond.) Nach Bedarf mit ein bißchen Wasser (Fischfond falls vorhanden) auf eine leichte gebundene Soßenkonsistenz einkochen. Die Kartoffeln waschen und kochen, anschließend schälen und vierteln und zum Gemüseragout geben. Mit Meersalz und frisch gemahlenen Java-Pfeffer abschmecken.
Die Garzeit beträgt ca. 45 Minuten.

Racasse schuppen, ausnehmen und gründlich waschen. Kiemen entfernen und den Fisch an der Gräte entlang mit dem Kopf halbieren. Eine große Teflonpfanne mit dem restlichen Olivenöl auf den Herd stellen und die Racasse mit der Hautseite nach unten in die Pfanne legen. Leicht salzen und pfeffern und bei konstanter Hitze leicht kroß braten. Auf jede Hälfte der Racasse eine Knoblauchzehe, Estragon und Thymian legen. Während des Bratens mit dem in der Pfanne vorhanden Olivenöl die Racasse leicht nappieren. Garzeit ca. 15 bis 20 Minuten. Fisch aus der Pfanne nehmen, das Öl abschütteln und das Gemüseragout in die Pfanne geben. Die Racasse mit der Hautseite nach oben auf das Gemüseragout legen und 3-4 Minuten nachziehen lassen. Mit einem Hauch frisch gemahlenen Java-Pfeffer nachwürzen und mit frischem Basilikum garnieren.

Kunst

Dieter Maiwert

Crépinette von Kaninchenrücken in beurre rouge

2 Kaninchenrücken
200 g Blattspinat
250 g Kalbfleisch
Thymian
Petersilie
8 cl Sahne
Schweinenetz
1/2 l Rotwein
2 Schalotten
100 g Butter
Salz
Pfeffer
Worchestershiresauce

Weinempfehlung:
1994 Durius Tinto
Marques de Grinon, Toledo

Restaurant Patrizierhof
Untermarkt 17
82515 Wolfratshausen

Zunächst werden die Kaninchenrücken ausgelöst und pariert. Die Nieren fein hacken. Aus dem Kalbfleisch im Mixer mit Salz, Pfeffer, Thymian, Petersilie und der Sahne eine Farce herstellen, die anschließend durch ein Sieb gestrichen wird. Unter diese Farce werden die gehackten Kaninchennieren gemischt.

Anschließend legt man auf einem Küchentuch ein Quadrat mit einer Seitenlänge, die der Länge der Kaninchenrücken entspricht, mit blanchiertem Blattspinat lückenlos aus.

Auf dem Blattspinat die vorbereitete Farce ca. 5 cm dick gleichmäßig verteilen und dann den Kaninchenrücken damit umhüllen. Damit das Crêpinette auch beim Garen nicht auseinanderfällt, wickelt man es in ein Schweinenetz.

Jetzt wird es kurz in Butter angebraten und dann in den Ofen bei 120° C 12 Minuten gegart. Bevor man es aufschneidet ist es wichtig, daß das Fleisch 3-4 Minuten ruht.

In der Zwischenzeit wird der Rotwein bei nicht allzugroßer Hitze auf ca. 1/4 l der ursprünglichen Menge reduziert. Fein gehackte Schalotten in etwas Butter glasig werden lassen und mit dem Rotwein aufgießen, dann nach und nach die gekühlte Butter unter stetigem Schwenken zugeben. Die Soße mit Salz, Pfeffer und ein wenig Worchestershiresauce abschmecken.

Das Crêpinette schräg aufschneiden und auf der Soße anrichten.

Dazu passen am besten Schupfnudeln.

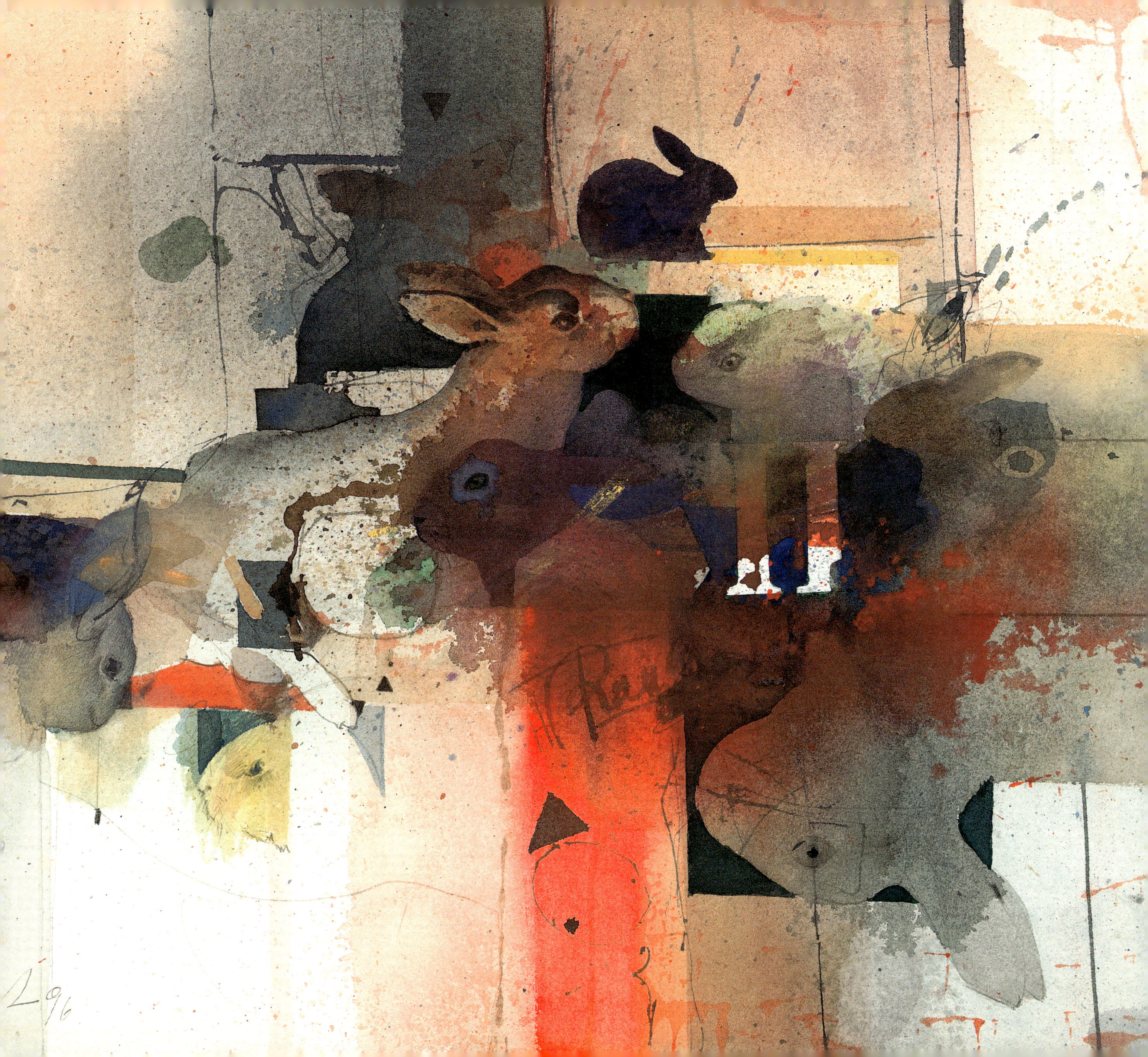

HELMUT KRAUSLER

Chartreuse vom Fasan

1 KLEINER FASAN
1 SELLERIEKNOLLE
2 GROSSE KAROTTEN
2 KOHLRABI
250 G STEINPILZE
0,3 L SAHNE
OLIVENÖL

WEINEMPFEHLUNG:
1992 PINOT NOIR RESERVE
JOHANNESHOF REINISCH, THERMENREGION

Eine Kokotte mit ca. 8 cm Durchmesser ausbuttern, mit den Gemüsestäbchen einen bunten Kranz formen, den Boden mit Farce bedecken, abwechslungsweise Brustscheiben, Farce und Steinpilze einschlichten, mit Farce bedecken und im Wasserbad im Rohr 30 Minuten bei 170° C pochieren.

Anschließend auf einen Teller stürzen und mit der Soße natieren. Als Beilage empfehle ich Rosenkohl und Birnenkartoffel.

RESTAURANT BERNLOCHNER
STEFAN MEMMER U. HELMUT KRAUSLER
LÄNDGASSE 3-5
84028 LANDSHUT
TEL. 0871/89990

Fasan auslösen, Brüste und Keulen von Haut und Sehnen befreien, Brüste halbieren und aus den Keulen mit der Sahne eine Farce zubereiten. Die Karkassen (Gerippe vom Geflügel) zu einer Soße ansetzen. Das Gemüse in 3 cm lange Stäbchen schneiden und blanchieren. Die Steinpilze in dicke Scheiben schneiden und in Olivenöl anbraten.

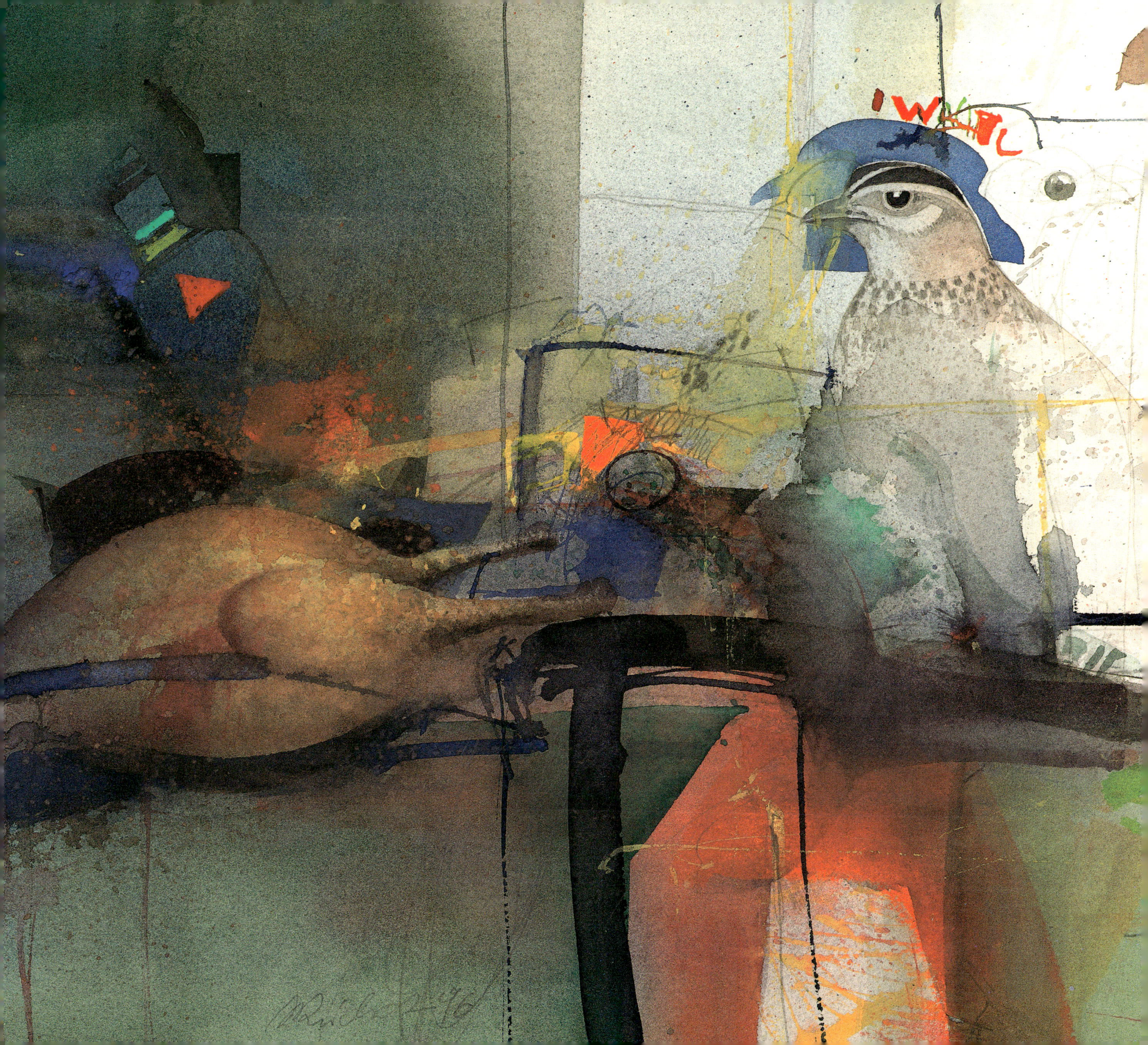

ERWIN WEIDENHILLER

Krebse in Frankenwein

40 FRÄNKISCHE KREBSE
SCHALOTTEN, KAROTTEN
PETERSILIENWURZELN, ZWIEBELLAUCH
SELLERIE
OLIVENÖL, SALZBUTTER
PERNOT
FRANKENWEIN

WEINEMPFEHLUNG:
1996 SILVANER TROCKEN „IPHÖFER KALB"
JOHANN RUCK, FRANKEN

RESTAURANT KUPFERPFANNE
KÖNIGSTRAßE 85
90762 FÜRTH
TEL. 0911/771277

Eine sehr feine Mirepoix von Schalotten, Karotten, Petersilienwurzel, Zwiebellauch und Sellerie herstellen.

Die Mirepoix mit Olivenöl und Salzbutter anschwitzen. Die Krebse dazugeben und mit Frankenwein ablöschen.

Bei starker Hitze 4 Minuten kochen lassen. Die Krebse aus dem Fond nehmen und den Fond mit Salz, Petersilie, Pfeffer und einigen Tropfen Pernod abschmecken.

Dazu dunkles Bauernbrot.

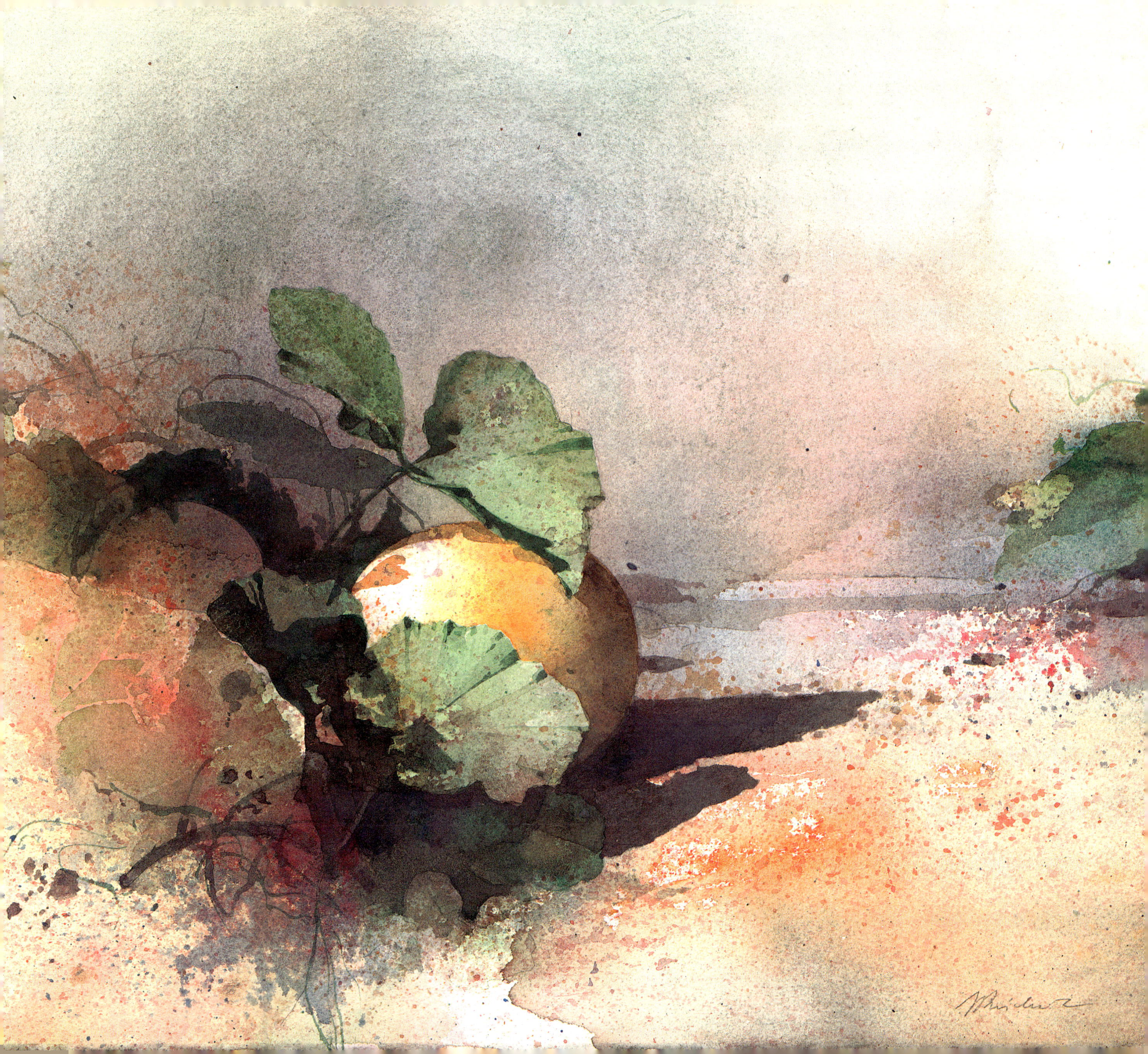

GÜNTER SCHERRER

Boudin von Gänsen und Trüffel aus dem Perigord

DIESES REZEPT IST FÜR 10 PERSONEN

3 GÄNSEBRÜSTE
100 G GERÄUCHERTE GÄNSEBRUST IN DÜNNE SCHEIBEN GESCHNITTEN
600 G GÄNSESTOPFLEBER GEPUTZT UND MARINIERT IN 7 GR. SALZ, 2 GR. ZUCKER UND 2 GR. WEISSER PFEFFER
4 CL WEISSEN PORTWEIN
100 G PERIGORD TRÜFFEL – FEIN GEHACKT
200 G GEWÄSSERTES SCHWEINENETZ (FETTGEWEBE)
1/2 TL GEMAHLENER BEIFUSS

Die Gänsebrüste im Schmetterlingsschnitt halbieren und unter Folie dünn plattieren. Mit Pfeffer, Salz und Beifuss würzen.

Das Schweinenetz abtrocknen und auf der Tischplatte oder einem Brett ausbreiten (ca. 30 x 40 cm). Die Gänsebrust darauf ausbreiten und darüber die in dünne Scheiben geschnittene geräucherte Gänsebrust legen. Die marinierte Gänseleber mit den gehackten Trüffeln vermischen und eine Rolle mit einem Durchmesser von 5 cm formen.

Die Rolle auf die ausgelegten Gänseteile legen und mit diesen zu einer großen Roulade rollen. In einer Serviette fest einbinden und in kräftigem Gänsefond ca. 20 Minuten am Siedepunkt pochieren und im Fond erkalten lassen.

In daumendicke Tranchen schneiden und anrichten.

Dazu passen am besten marinierte Zuckerschoten und Feigenkompott

WEINEMPFEHLUNG:
1990 CHATEAU FILHOT
SAUTERNES, 2ER CRU CLASSÉ

VICTORIAN
KÖNIGSTRAßE 3A
40212 DÜSSELDORF
TEL. 0211/8655010

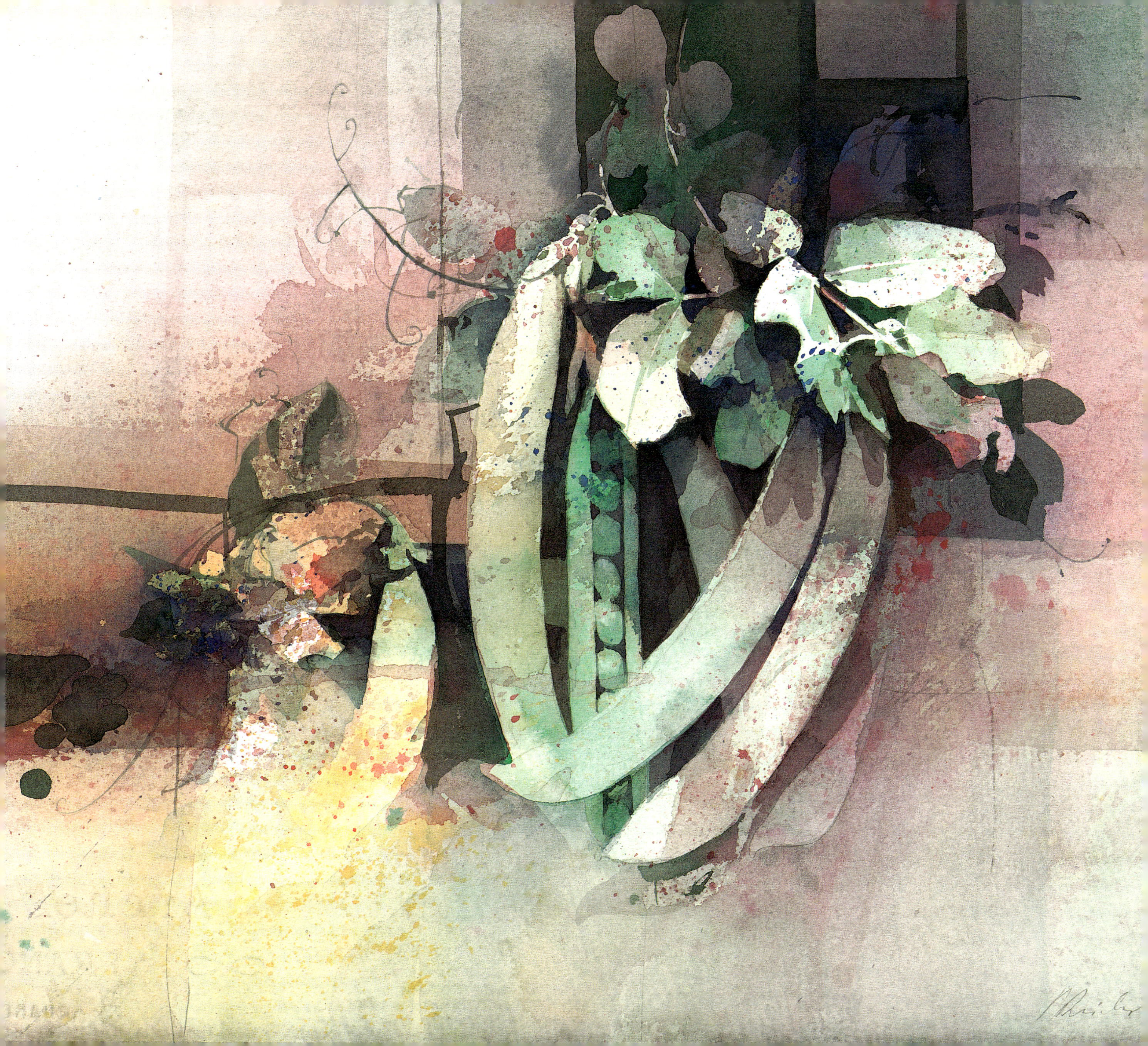

Albert Oblinger

Fasanenbrust in Wacholderrahm mit Krauttaschen

2 Fasane
1 Schweinenetz, Butter zum Braten

Sauce:
100 g Zwiebeln, Karotten,
Sellerie, Lauch
60 g Butter
Fasanenkarkassen,
20 g Schalottenwürfel
0,2 l Champagner, 1/4 l Sahne
4 angedrückte Wacholderbeeren

Teig:
250 g Rosenmehl, 1 grosses Ei
1 Teel. Olivenöl, Salz, 7 El. Wasser
1 Ei zum Bestreichen

Füllung:
5 cl Pflanzenöl, 10 g Schalottenwürfel
5 cl Weisswein, 280 g Sauerkraut
3 El. Crème fraîche

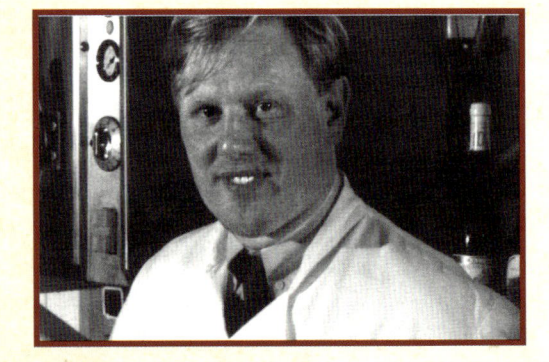

Von den Fasanen die Brüste auslösen, den Rohrknochen freilegen, auch die Haut und eventuell das Fett entfernen. Die Brüste in ein dünnes Schweinenetz wickeln. Die Keulen kann man für eine Terrine, ein Schaumbrot vom Fasan oder eine Kraftbrühe verwenden. Die Fasanenbrüste auf beiden Seiten anbraten, ein bis zwei Minuten in den Backofen geben und dann auf einem Teller ruhen lassen.

Die Karkassen klein hacken, mit dem Gemüse und 0,3 l Wasser aufkochen, eine Stunde lang auf dem Siedepunkt einen Fond auskochen und abpassieren. Die Schalottenwürfel in 20 g Butter anschwitzen, mit Champagner ablöschen und zusammen mit dem Fond reduzieren, zuletzt mit dem Wacholderbeeren ankochen. Mit Sahne und 30 g Butter binden, pürieren und erneut passieren.

Das Sauerkraut zu den angeschwitzten Schalottenwürfeln geben, mit Weißwein ablöschen, mit Crème fraîche eindicken und kalt stellen.

Aus den Zutaten einen Teig herstellen, eine Stunde ruhen lassen. Dann auswalzen und ausstechen. Die Maultaschen füllen, mit Ei bestreichen, verschließen, blanchieren und abkühlen lassen.

Fasanenbrust mit dem Rest des Sauerkrauts, den Maultaschen und der Sauce anrichten.

Weinempfehlung:
1996 Sauvignon Blanc Lake County
Bueno Vista, Kalifornien

Restaurant zum Alten Fischertor
Pfärrle 14/16
86152 Augsburg
Tel. 0821/345830

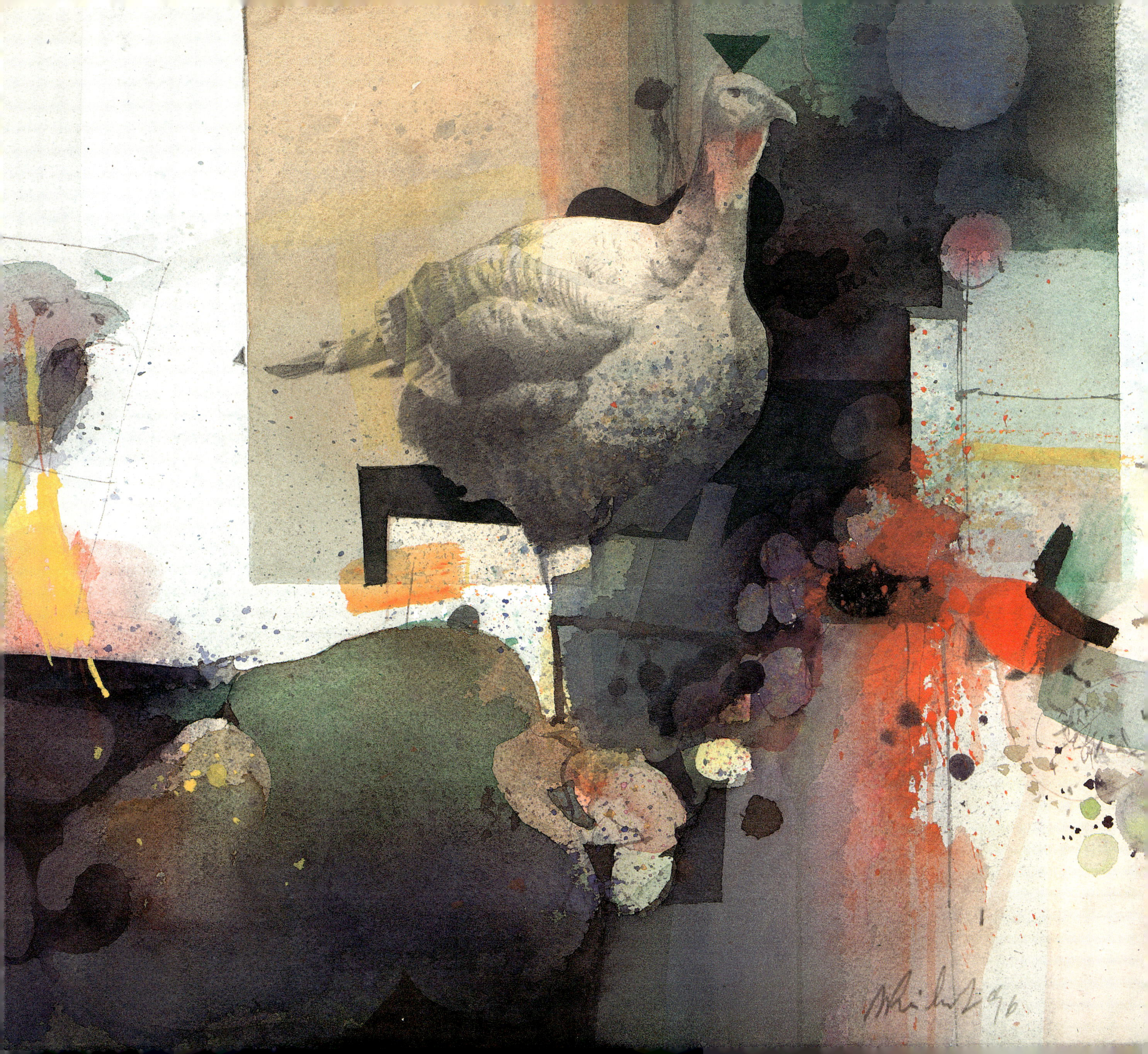

Helmut Bittlingmeier

Friesische Krabbensuppe mit Gemüsestreifen

*400 g Nordseekrabben
(Garnelen, Granat)
1 l Fischsud
2 Schalotten, 1/2 Knoblauchzehe
1/2 Lauchstange (das Grüne)
0,4 l Sahne
Salz, Pfeffer
Zitronensaft, 4 El. Weißwein
4 El. Vermouth (Noilly Prat)
Safran, 2 Eigelb, Butter
Einlage:
1/2 Lauchstange (das Weisse)
1 Karotte, 1 Fenchelknolle
etwas Butter*

Das kleingeschnittene Grün der Lauchstange, die gewürfelten Schalotten, den Knoblauch und 200 g Krabbenfleisch in etwas Butter glasig dünsten. Dann mit dem Fischsud und 2/3 der Sahne auffüllen, ca. 15 Minuten langsam köcheln lassen, danach durchpassieren.

Das Weiße der Lauchstange, die geschälte Karotte und die Fenchelknolle in Streifen von ein bis zwei Zentimeter Länge schneiden. Das Gemüse in Butter glasig dünsten und mit der Suppe auffüllen. Mit Salz, Pfeffer, Zitronensaft, Weißwein, Vermouth und Safran abschmecken. Nach dem Aufkochen mit einer Legierung aus Eigelb und dem Sahnerest abbinden - nicht mehr kochen lassen.

Die restlichen Krabben in die Teller geben und mit der Suppe aufgießen. Dazu warmes Stangenweißbrot servieren.

*Weinempfehlung:
1996 Sauvignon Isonzo
Tenuta Villanova, Friaul*

*Restaurant Apicius im Jagdhaus Eiden
Hotel Restaurant am See
Gerd zur Brügge
26160 Bad Zwischenahn
Tel. 04403/698000*

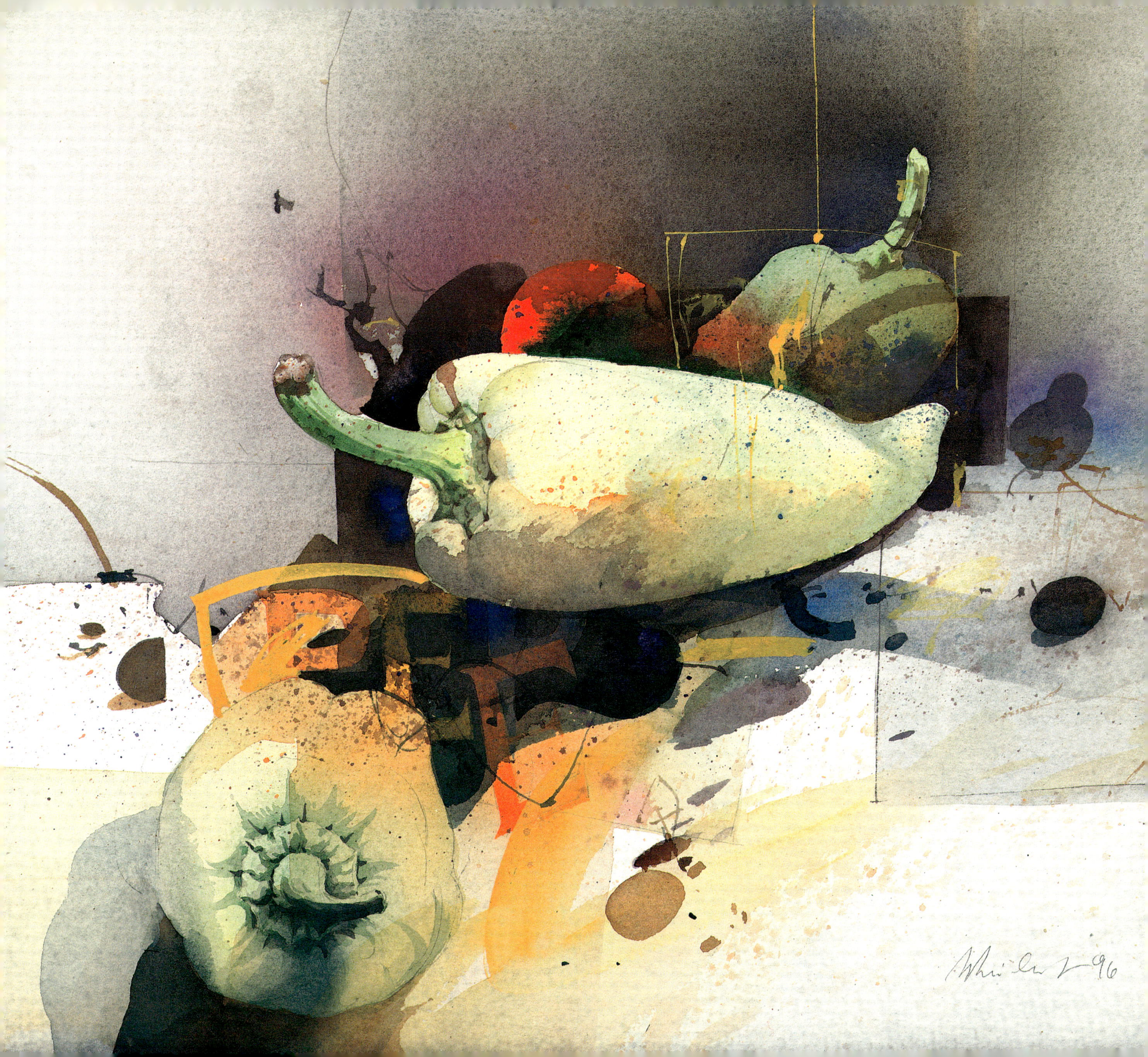

Die Weine

wurden ausgewählt von Andreas Ehl.
Sie können bezogen werden über:
Wein & Mehr, Weinhandelsgesellschaft mbH,

Im Gewerbepark 9a,
93059 Regensburg, Tel. 0941/466800, Fax 0941/43580;

Filiale Donau-Einkaufszentrum,
Weichser Weg 5, 93059 Regensburg, Tel. 0941/45739

Filiale Brücken-Center, Residenzstraße 2-6,
91522 Ansbach, Tel. 0981/4817377, Fax 0981/4817378.

Der Künstler

Willy Reichert, geb. 1937 in München, Zeichenschule in München. 1961 Beginn der freischaffenden Tätigkeit.

Seither Teilnahme an zahlreichen Ausstellungen u.a. 1973 Große Kunstausstellung, Haus der Kunst, München. 1982 BMW-Galerie, München. 1985 Große Schwäbische Kunstausstellung, Augsburg. 1989 Bayerische Landesbank, München. 1994 Einzelausstellung Galerie Norbert Blaeser, Düsseldorf.

Sendungen in SAT 1. 1993/94 Lehrauftrag an der Akademie für Bildende Kunst Vulkaneifel in Steffeln.

Anschrift: Auf der Burg 8, 83512 Wasserburg